Max Josef Höfner

Otto I. Bischof von Bamberg in seinem Verhältnisse zu Heinrich V. und Lothar III.

Max Josef Höfner

Otto I. Bischof von Bamberg in seinem Verhältnisse zu Heinrich V. und Lothar III.

ISBN/EAN: 9783743336070

Hergestellt in Europa, USA, Kanada, Australien, Japan

Cover: Foto ©ninafisch / pixelio.de

Manufactured and distributed by brebook publishing software (www.brebook.com)

Max Josef Höfner

Otto I. Bischof von Bamberg in seinem Verhältnisse zu Heinrich V. und Lothar III.

Otto I.
Bischof von Bamberg
in
seinem Verhältnisse
zu
Heinrich V. und Lothar III.

Dissertation
der
philosophischen Facultät
der
Ludewigs-Universität Gießen
zur Erlangung
der
venia legendi
vorgelegt
von
Dr. Max Joseph Höfner.

Gießen 1868.
Brühl'sche Universitäts-Buch- und Steindruckerei (Fr. Chr. Pletsch).

Vorbemerkung.

Die Wirksamkeit des Bischofs Otto I. von Bamberg ist nach mehr denn einer Richtung eine ganz außerordentliche gewesen. Nicht nur daß er als Oberhirt seiner Diöcese, als Restaurator derselben, sowohl was die Gründung von neuen Klöstern als auch die Erneuerung von alten betrifft, eine ungemeine Thätigkeit entwickelte, so hat er als Apostel der Pommern, durch die Bekehrung derselben, eine welthistorische Bedeutung erlangt.

Nach diesen beiden Richtungen hat das Leben Otto's schon bald nach seinem Tode bis in die jüngste Zeit eingehende Behandlung erfahren. Noch nicht zwanzig Jahre waren seit seinem Tode verflossen, als schon drei Biographien über ihn vorhanden waren, von denen die des Ebbo und des Scholastikus Herbord unabhängig von einander entstanden [1]), während die dritte, von einem

---

[1]) Die beiden ersten Biographieen wurden in den Jahren 1147, 1157 verfaßt. Vgl. Klempin in „Baltische Studien" IX, 1 u. ff. und Wattenbach, Deutschlands Geschichtsquellen, p. 307.

Priefflinger Mönch verfaßt, zum Theil auf jenen beiden fußend, neben den abgeschriebenen noch viele eigene Nachrichten, von den Genossen Otto's herrührend, beibringt. Indem man dann eine neue Seite Otto's zur Darstellung zu bringen suchte, oder die bald nach seinem Tode entstandenen Biographien mit einander verglich und gegenseitig ergänzte, entstand im ersten Jahrzehnt des 13. Jahrhunderts ein Büchlein über die von Otto nach seinem Tode vollbrachten Wunder und Ende des 15. Jahrhunderts die umfassende Compilation des Abtes Andreas vom St. Michaels=kloster in Bamberg. Indem man dann weiter diese Biographie des Abtes Andreas zu Grunde legte, entstanden dann noch fer=nere Bearbeitungen des Lebens Otto's, sei es, daß man seine ganze Wirksamkeit nach den beiden oben angedeuteten Richtungen zum Gegenstande nahm, oder über einzelne dunkle Seiten seines Lebens Untersuchungen anstellte. Zu jenen gehört die chronologisch geordnete Lebensskizze Otto's von Martin Hoffmann in sei=nen Bamberger Annalen, die Biographie des Abtes Meiller von Priefflingen, die ganz vorzügliche Bearbeitung der Lebensverhält=nisse Otto's von Joh. Bapt. Sollerius in der „Acta Sanctorum" und die Biographie von Ussermann. In neueren Werken befindet sich Otto's Leben dargestellt bei Kannegießer, Bekeh=rungsgeschichte der Pommern, bei Barthold, Geschichte von Pommern und Rügen, bei L. Giesebrecht, Wendische Geschichten und in Neander's allgemeiner Geschichte der christlichen Religion und Kirche [1]).

---

[1]) Eine vortreffliche Untersuchung über die Biographieen Otto's von Klempin befindet sich in den „Baltischen Studien" IX. Die verschiedenen Vitae,

Von den Bearbeitungen, die einzelne Theile von Otto's Leben zum Gegenstande haben, bemerke ich hier die Untersuchungen über Ort und Zeit seiner Geburt. Dem Umstande nämlich, daß die ersten Biographen Otto's, die ihm doch zum Theile sehr nahe standen, über seine Abstammung und die Zeit seiner Geburt keine bestimmten Nachrichten geben, ist es zuzuschreiben, daß gerade diese Fragen zum Gegenstande eingehender Erörterungen geworden sind und eine zahlreiche Literatur hervorgerufen haben, deren Ergebniß uns statt aller Bemerkungen der Biographen dienen muß.

Nachdem die Biographen Otto's uns nur ganz kurz Nachricht von seiner Herkunft aus Schwaben und von einem Bruder desselben gebracht, wurde zuerst von Bruschius im Jahre 1549 die Hypothese aufgestellt [1]), die unserem Otto die Abstammung von dem Geschlechte der Grafen von Andechs vindicirte. Diese Hypothese, die auf einem Diplome eines Bischofs Otto und einer Verwechselung des zweiten Bischofs Otto mit dem ersten dieses Namens beruhte [2]), fand Aufnahme in den Bamberger Annalen von Hoffmann, in den Noten Jasche's zur vita des Abtes Andreas, im Chronicon Gottwicense, und hat bis in die jüngste Zeit ihre Anhänger gehabt [3]). Mit Erfolg wurde diese Hypothese bekämpft von

---

von Köpke herausgegeben und mit einer Einleitung versehen, befinden sich bei Pertz, Mon. SS. XII, 721—919.

[1]) Bruschius, epit. de omnib. Germ. episc. I, 238: S. Otto Bavarus, Bertoldi comitis Andecensis, ac dominae Sophiae ducissae in Amberana valle filius.

[2]) Hund, Metrop. Salisburg. II, 98 u. 99.

[3]) Hoffmanni annal. Bamberg. lib. III, 1 bei Ludewig, Script. rer. episc. Bamb. p. 91. Observat. Jasch. bei Ludewig, p. 590 und Chronic. Gottwic. p. 302. Schultes, Histor. Schr. p. 33, Note a.

Sollerius, Dubuat, Ussermann u. A. ¹). Doch war das Resultat ihrer Untersuchungen nur ein negatives: sie wiesen nach, daß Otto dem Geschlechte der Grafen von Andechs nicht angehöre, daß jene von Bruschius aufgestellte Annahme auf einer Verwechselung Otto's II. mit Otto I. beruhe, und daß jene Urkunde nicht zur Zeit Otto's I. ausgestellt sei.

Da gewann die Forschung in dieser Frage einen ganz bedeutenden Fortschritt, als es Oesterreicher gelang, in seinen Untersuchungen ein positives Resultat festzustellen ²). Nicht nur, daß er auf die in jener von Bruschius gebrachten Annahme liegenden Widersprüche aufmerksam machte, daß er die Unechtheit der Urkunde, auf der jene Hypothese basirte, nachwies: seine Untersuchungen ergaben weiter, daß Otto einem freien, abeligen Geschlechte, das seinen Sitz zu Mistelbach hatte, angehöre, daß demnach seine Heimath in Schwaben und zwar in der Grafschaft Bregenz zu suchen sei.

Von geringerem Belange sind die Untersuchungen, welche die Zeit der Geburt Otto's zum Gegenstande haben. Im Allgemeinen wurde diese Frage bei Bearbeitung seiner Lebensverhältnisse nur im Vorübergehen berührt, und man setzte seine Geburt in die Jahre 1060 bis 1063. Diese Zeitbestimmung dürfte auch die richtige sein.

---

¹) **Sollerius** in den Acta SS. Jul. I, 355. **Dubuat**, Orr. Boic. II, 225. **Ussermann**, Episc. Bamb. 120 u. 121. **Meiller**, Mirac. mundi p. 1—6. **Zirngibl** in den historischen Abhandlungen der königl. bair. Akademie d. Wissensch. II. 1813.

²) **Oesterreicher** in „die geöffneten Archive für die Gesch. b. Königreichs Baiern, I, Heft 10, p. 138—180.

Aber auch nach einer anderen Seite, als den beiden oben angegebenen, verdient Otto's Leben eine eingehende Würdigung: in seinen Beziehungen zu den Reichsverhältnissen unter Heinrich IV., Heinrich V. und Lothar III.

Es ergibt sich nemlich, daß er in den Reichsverhältnissen, namentlich unter Heinrich V. eine ganz bedeutende Rolle gespielt. Hin und wieder ist in den Schriften über Otto darauf aufmerksam gemacht worden. Doch ist der Standpunkt, den man Otto dabei angewiesen hat, ein unrichtiger gewesen. Man hat ihn als einen Mann hinzustellen versucht, der in der Mitte der beiden kämpfenden Gewalten, der Reichs- und Kirchengewalt, ohne irgend eine Parthei zu ergreifen, eine vermittelnde Stellung eingenommen. Ueber diesen Gesichtspunkt hat sich auch die im Jahre 1860 erschienene Schrift Volkmann's: „de Ottone I. Bambergensi episcopo" [1]), nicht zu erheben vermocht. Zudem hat diese Schrift mehrere ganz bedeutende Hülfsmittel, unter andern auch die Regesta Pontificum von Jaffé nicht benützt und Citate aus denselben nur da gegeben, wo sie in Köpke's Noten zu Herbord und Ebbo sich fanden. Hätte sie nur darauf sich beschränkt, Köpke's Noten auszuschreiben, so würde sie dasselbe Resultat erzielt und nicht mit einer gewissen Sucht nach Neuem alte Hypothesen durch unbegründete neue verdrängt haben.

Es kann hier nicht meine Absicht sein, näher auf die Schriften einzugehen, die den Bischof Otto in seinen Beziehungen zu den Reichsverhältnissen gezeichnet haben. Es genüge hier zu bemerken,

---

[1]) Guilielmus Volkmann: De Ottone I, episcopo Bambergensi. Dissertatio inauguralis. Regimonti Pr. 1860.

daß der Standpunkt, den diese Schriften ihm angewiesen haben, ein falscher ist. Es ergibt sich nemlich, daß er in dem Kampfe der Reichs- und der Kirchengewalt unter Heinrich V. nicht eine partheilose, in der Mitte sich haltende Stellung eingenommen, sondern vielmehr stets ein Anhänger des Reichsoberhauptes war, und dabei durch die Reinheit seines Charakters und seine hohe Einsicht von Seiten der Gegenparthei hohe Achtung genoß.

Indem ich nun das Leben Otto's nach dieser Seite, nach seinen Beziehungen zu den Reichsverhältnissen darzustellen versuche, kann ich nicht unterlassen, beizufügen, daß die Biographen Otto's für diese Seite seines Wirkens gar keine Anhaltspunkte bieten Das Material hiezu hat man in einigen zerstreuten Notizen des Abtes Ekkehard von Aurach, in den an Otto gerichteten Briefen in der Sammlung des Bamberger Klerikers Ulrich [1]) und in den Urkunden der Kaiser zu suchen.

---

[1]) Sie sind gedruckt bei Eccard, Corpus histor. med. aevi, II, 1—374.

I. Otto's Lebensverhältnisse bis zu seiner Erhebung zum Bisthum Bamberg.

Otto war der Sohn einer freien, abeligen, mit zeitlichen Gütern keineswegs gesegneten Familie ¹), die ihren Sitz zu Mistelbach in der Grafschaft Bregenz hatte. Seine Eltern — Otto und Adelhaid — übergaben ihn im zarten Alter in ein Kloster zum Unterrichte; wahrscheinlich, daß sie ihn dem geistlichen Stande bestimmt hatten ²). Er war jedoch kaum in das Jünglingsalter eingetreten, als seine Eltern starben und ihrem älteren Sohne Friedrich, der für den Kriegsdienst bestimmt war, den größten Theil ihrer Güter als Erbe hinterließen ³). Otto selbst erhielt aus der Erbschaft seiner Eltern den Ort Albuch, wie wir aus Ebbo ersehen, der uns berichtet, daß Otto das ihm nach Erb-

---

¹) Herbord, I, 1: Parentes equidem ejus, patrem dico ac matrem, ingenuae conditionis, nobilitate clari et honorabiles, divitiis autem et opibus mediocres. Ebbo I, 1: Beatus Otto generosa stirpe et parentibus secundum carnem liberis oriundus fuit, patre Ottone 'et matre Adelhaida nuncupata.

²) Wilhelm Vollmann, de Ottone I, episc. Bamb. p. 6.

³) Herbord, I, 1: Qui cum diligenter enutritus in spe bona ad annos discretionis pervenisset, ipsi (parentes) defuncti sunt, et quae in possessionibus et pecunia reliquerunt, alter filius eorum Fridericus, miles futurus possedit.

recht zustehende Albuch) an das Michaelskloster in Bamberg ge=
schenkt habe ¹). Doch war dieses Erbe keineswegs so groß, daß er
damit die einmal begonnenen Studien hätte fortsetzen und vollenden
können. Auch die Unterstützung, die er von seinem Bruder erhielt,
war zu gering, als daß er damit dieses Ziel hätte erreichen
können ²). Er begab sich daher, nachdem er einige Philosophen
und Dichter gelesen und die Regeln der Grammatik und Metrik
sich angeeignet, nach Polen, wo, wie er wußte, Mangel an Lehrern
war, und gründete dort eine Schule. In kurzer Zeit eignete er
sich die polnische Sprache an und machte sich durch seine vorzüg=
lichen persönlichen Eigenschaften bei den Großen des Landes so be=
liebt, daß sie bei Streitigkeiten unter einander seiner Vermittelung
sich bedienten ³). Bei Gelegenheit einer Gesandtschaft an den Her=
zog Wladislaus Hermann wurde er diesem bekannt und fand bei
ihm solche Gunst, daß ihn der Herzog an seinen Hof zu nehmen
beschloß. Und wie früher bei den polnischen Großen, so erwarb
sich Otto als Kapellan die Freundschaft des Herzogs.

Nachdem Otto einige Jahre in Polen zugebracht hatte, starb
die Gemahlin des Herzogs, Judith, am 25. Dez. 1085.

Nach Ablauf der Trauerzeit brachte Otto, anfangs bei den
Hofleuten des Herzogs, dann bei diesem selbst eine Heirath mit
der Schwester Kaiser Heinrich IV., Judith, der Wittwe des Königs
Salomon von Ungarn, in Anregung, und er wußte dem Herzoge
die Vortheile einer solchen Verbindung so überzeugend darzuthun,
daß dieser, nachdem er den Rath der Großen seines Reiches ein=
geholt, beschloß, eine Gesandtschaft an den kaiserlichen Hof zu
schicken und um die Hand Judith's werben zu lassen.

An die Spitze dieser Gesandtschaft wurde Otto gestellt.

---

¹) Ebbo, I, 18.

²) Herbord, I, 1: Ottone igitur gratia studii apud extera loca demorante, frater eius puer domum pro suo posse gubernabat, tenuiter adjuvans fratrem in studio positum.

³) Herbord, I, 1: Itaque in Polaniam peregre vadens, ubi sciebat litteratorum esse penuriam, scolam puerorum accepit .... Linguam quoque terrae illius apprehendit .... Legationibus etiam et responsis inter magnas personas deferendis adprime aptus erat. und Herbord, I, 2: Denique occasione legationum duci Polaniae innotuit u. s. w.

Ehrenvoll wurde dieselbe am Hofe aufgenommen und zur Heirath des Herzogs mit Judith von dem Kaiser mit Freuden die Einwilligung gegeben. Otto war es dann wieder, der die Schwester Heinrich IV. nach Polen geleitete.

Es konnte nicht fehlen, daß Otto durch die glückliche Ausführung des ihm gewordenen ehrenvollen Auftrages in der Gunst des Herzogs noch mehr stieg [1]). Daß er auch bei der Schwester des Kaisers durch die Vermittelung ihrer Verbindung mit dem Herzoge in hoher Gunst stand und sich des besondern Vertrauens derselben erfreute, dafür spricht der Umstand, daß die Herzogin sich öfter seiner als Gesandten an ihren Bruder bediente. Bei diesen Gelegenheiten wurde Otto dem Kaiser näher bekannt, und da dieser einen so tüchtigen Mann für den kaiserlichen Dienst zu erwerben wünschte, erbat er sich denselben von seiner Schwester. Nur ungern — doch konnten sie dem Ansuchen des Kaisers nicht widerstreben — überließen der Herzog und seine Gemahlin ihren Kapellan dem Kaiser.

So lautet der Bericht des Scholastikus Herbord.

Im wesentlichen anders ist die Erzählung Ebbo's.

Dieser berichtet uns, Otto sei mit der Schwester des Kaisers, als Kapellan derselben, bei Gelegenheit ihrer Vermählung mit dem Herzoge Wladislaus nach Polen gekommen [2]). Dort habe er in kurzer Zeit die polnische Sprache erlernt und sich durch seine Klugheit bei den Großen des Landes einen so bedeutenden Ruf erworben, daß sie ihm ihre Söhne zum Unterrichte anvertrauten. Darin stimmt Ebbo mit Herbord überein, daß des Herzogs Gemahlin zu wiederholten Malen die Dienste Otto's als Ge-

---

[1]) Herbord, I, 2: Duce igitur optatis thalamis potito, major iterum gratia Ottoni accessit, suique paranimphi domina oblita non est, in omni domo sua inclitum et carum et familiarem eum habens. Et quotiens germano suo imperatori dona vel responsa mittebat, Otto internuncius et fidus mediator fuit.

[2]) Ebbo I, 1: Accidit forte illis diebus, ut germana soror Henrici quarti imperatoris, Juditha nomine in matrimonio jungeretur Polizlao Poloniorum duci. Cui ille tanquam fidelissimus adhaerens capellanus in Poloniam venit.

sandten an ihren Bruder in Anspruch genommen habe. Nach dem Tode Judith's sei Otto nach Deutschland zurückgekehrt und habe sich in Regensburg unter die Domherrn aufnehmen lassen. Hier habe ihn die Aebtissin des Klosters Niedermünster, eine nahe Verwandte Heinrich IV., als einen Mann von hohen Tugenden kennen gelernt und ihn als Verwalter des Klostervermögens aufgestellt. Bei einem der hohen Kirchenfeste, welches Heinrich IV. in Regensburg beging, sei er dem Kaiser bekannt geworden, und dieser habe sich denselben von seiner Verwandten für seinen Dienst ausgebeten.

Auf diese Weise, erzählt Ebbo [1]), sei Otto an den kaiserlichen Hof gekommen: hiefür führt er als seinen Gewährsmann den Priester Ulrich an, der ihm dieses berichtet habe. Ebbo selbst aber begnügt sich nicht mit dieser Nachricht, er gibt uns noch eine andere: „Andere sagen, Otto sei, nachdem er sich in den Wissenschaften ausgebildet, zu Heinrich, dem Abte eines Wirzburger Klosters gekommen. Dieser habe nicht lange nachher den erzbischöflichen Stuhl in Polen bestiegen; mit diesem Heinrich sei Otto nach Polen gekommen, in kurzer Zeit berühmt geworden und von Judith, der Gemahlin des Herzogs, dem kaiserlichen Hofe empfohlen worden.

Es leuchtet ein, diese von einander abweichenden Nachrichten unserer beiden Berichterstatter lassen sich nicht wohl mit einander vereinigen. Es wird also nöthig sein, zu untersuchen, in wie weit der eine oder der andere von beiden mehr Glaubwürdigkeit verdient. Aus der Untersuchung ergeben sich denn da verschiedene Momente, welche die Erzählung Ebbo's als die unglaubwürdigere erscheinen lassen. In Kurzem sind es folgende:

---

[1]) Ebbo, I, 3: Hoc modo servus Dei Uodalricus pium Ottonem in curtem regiam accessisse ferebat. Alii vero dicunt, eum liberalibus imbutum disciplinis primo ad abbatem Wiertzenburgensis coenobii Heinricum venisse, et post modicum eundem Heinricum Dei nutu in Polonia archiepiscopatus apicem conscendisse, cui ipsum fidelissimo adhaesisse famulatu testantur, et mirabili strenuitate ac sapientia in brevi per totam regionem divulgatum, tam ab archiepiscopo, quam a venerabili Juditha imperiali aulae assignatum. Vgl. dazu Köpke bei Pertz, Mon. SS. XII, 825 Note 26.

Ebbo läßt Otto in der Umgebung der Schwester des Kaisers, als Kapellan derselben, nach Polen gelangen, ohne zu berichten, wie Otto an den kaiserlichen Hof gekommen. Vergleicht man dazu noch die Erzählung Ebbo's, wie der Kaiser in Regensburg Otto's Bekanntschaft macht und sich ihn von seiner Nichte ausbittet, so muß es doch auffallend erscheinen, wie fremd Otto dem Kaiser war: nach dieser Erzählung hat Heinrich IV. hier Otto zum ersten Male gesehen, während eine andere Stelle bei demselben Ebbo den Kaiser schon früher Otto's Bekanntschaft machen läßt [1]). Hierbei ist Ebbo in seinen Ausdrücken ungenau: er nennt die Aebtissin von Niedermünster erst eine Nichte Heinrich IV., dann läßt er dieselbe von diesem „Schwester" anreden. Es ist aber eine ausgemachte Sache, daß weder eine Nichte, noch eine Schwester des Kaisers Aebtissin im Kloster Niedermünster zu Regensburg war [2]).

Unglaublich ist es ferner, daß Otto in seiner Eigenschaft als Kapellan am Hofe des Herzogs den Söhnen der polnischen Großen Unterricht ertheilt habe. Ebbo selbst übrigens ist von der Wahrheit seiner Erzählung so wenig überzeugt, daß er sogleich eine andere Version zu geben bereit ist, indem er beifügt, nach Andern sei er mit einem Abte Heinrich von Wirzburg, der dann Erzbischof von Gnesen geworden, nach Polen gekommen.

Auch diese Nachricht ist wenigstens zum Theile falsch: es findet sich unter den Gnesener Erzbischöfen des elften Jahrhunderts kein Heinrich, und überhaupt kein Deutscher [3]).

---

[1]) Ebbo, I. 1: Cuius legationis officium tanta auctoritate et circumspectione persolvebat, ut per hoc etiam ipsi rerum Domino ammirabilis videretur.

[2]) Vgl. Köpke in der Note 24 bei Perz, Mon. SS. XII, 825.

[3]) L. Giesebrecht, Wend. Gesch. II, 222. Die Gründe, die Klempin Baltische Studien, IX, 136 u. ff. hier für die Glaubwürdigkeit Ebbo's anführt, sind doch nicht stichhaltig. Es gibt ja so viele analoge Fälle, wo Jemand allein sich in ein fremdes Land begibt, ohne die Landessprache dortselbst zu kennen. Die einander hier widersprechenden Nachrichten Herbord's und Ebbo's haben auf die Literatur über Otto einen großen Einfluß gehabt, je nachdem einer diesem, der andere jenem eine größere Glaubwürdigkeit vindicirte. Vgl. Zirngibl, Abhandlung über Otto, Domherrn in Regensburg, in den

Es sind das wohl Gründe genug, die die Entscheidung über die Glaubwürdigkeit des einen oder des anderen Biographen zu Gunsten Herbord's treffen lassen.

Es erübrigt noch, hier einige Bemerkungen beizufügen über die Zeit, wann Otto nach Polen und von dort an den kaiserlichen Hof gekommen.

Ueber die erste Frage, über die Zeit der Ankunft Otto's in Polen, sind die Meinungen derer, die sich mit den Lebensverhältnissen Otto's beschäftigt haben, fast einstimmig: man hat das Todesjahr der ersten Gemahlin des Herzogs Wladislaus, das Jahr 1085 [1]), als Ausgangspunkt angenommen, damit die Notizen Herbord's über Otto's Aufenthalt in Polen in Verbindung gebracht und dann geschlossen [2]), daß die Zeit seiner Ankunft in das Jahr 1080 zu setzen sei. Keinesfalls ist dieser Zeitpunkt vor das Jahr 1080 zu setzen, doch auch nicht später: was uns Herbord über Otto's Aufenthalt in Polen berichtet, läßt sich kaum in einen Zeitraum von fünf Jahren zusammenfassen.

Dagegen hat sich bei der Frage über die Zeit, wann Otto an den Hof des Kaisers gekommen, in der Literatur über Otto eine Meinungsverschiedenheit geltend gemacht. Es ist nicht zu verkennen, daß hier Ebbo einen bedeutenden Einfluß ausgeübt. Seine Bemerkung, daß Otto in Regensburg in die kaiserliche Kapelle aufgenommen worden sei, hat die Veranlassung gegeben, diese Aufnahme in das Jahr 1097 zu setzen. Nichts natürlicher als dieß. Nach einem siebenjährigen Aufenthalt in Italien kam der Kaiser zum ersten Male im Juni 1097 nach Regensburg [3]): dieses Jahr also ist es, in welchem Otto in die kaiserliche Kapelle kam.

Abhandlung. der königl. bair. Akademie der Wissensch. II, 1813, p. 253 u. ff. und Oesterreicher, Geöffnete Archiv f. d. Gesch. des Königreichs Baiern, I, 3. Heft.

[1]) Judith starb am 25. Dez. 1085.

[2]) Herbord, I, 2: Cumque aliquot annos probe ac sapienter ibi mansisset, uxor ducis defuncta est. Vergl. dazu Köpke's Note 6 bei Pertz, Mon. SS. XII, 748. Vollmann, p. 8, Note 5.

[3]) Köpke in Note 25 bei Pertz, Mon. SS. XII, 825 und Böhmer, Regg. n. 1955.

Diese Ansicht hat namhafte Gelehrte zu ihren Anhängern ¹), und in neuester Zeit hat sich Köpke ihr angeschlossen ²).

Dieser Annahme steht denn doch entgegen, daß Otto von Heinrich IV. nach dem Tode des Bischofs Sigfrid zum Bischof von Augsburg bestimmt wurde. Der Tod Sigfribs fällt auf den 4. Dez. 1096. Ganz richtig bemerkt bann Köpke ³), daß Heinrich IV. erst nach seiner Rückkehr nach Deutschland i. J. 1097 an die Besetzung des Bisthums Augsburg dachte. Dann hat er wohl, kaum daß er Otto in seine Kapelle aufgenommen, demselben sofort wegen seiner treuen Dienstleistungen das Bisthum Augsburg angeboten. Wann hat dann Otto dem Kaiser die Dienste geleistet, von denen seine Biographen erzählen? Selbst Zirngibl, der sich ausschließlich an Ebbo hält, hat die Unhaltbarkeit dieser Hypothese eingesehen und sich für das Jahr 1093 entschieden, ohne zu berücksichtigen, wie bedeutende Gründe seiner Annahme entgegenstehen.

Gegenüber diesen beiden Hypothesen verdient eine andere Ansicht besonders berücksichtigt zu werden, die im Wesentlichen an Herbord sich haltend, den Zeitpunkt der Aufnahme Otto's in die kaiserliche Kapelle in die Jahre 1089—1091 setzt. Diese Annahme hat ohne Zweifel den Vorzug vor jener Hypothese, daß sie einige und sogar entscheidende Gründe für sich hat.

Auf der Nachricht fußend, daß der Kaiser Otto das i. J. 1096 erledigte Bisthum Augsburg angeboten habe, weist sie nach, daß Otto jedenfalls schon mehrere Jahre am kaiserlichen Hofe zugebracht haben müsse, zumal wenn man die verschiedenen und theilweise sehr wichtigen Dienste in Erwägung zieht, die er vorher dem Kaiser geleistet hatte. Für diese Hypothese spricht ferner der Umstand, daß die zweite Gemahlin des Herzogs von Polen, die Schwester des Kaisers, i. J. 1091 starb ⁴), daß Otto noch

---

[1] Ussermann, Episc. Bamb. p. 52 kommt zu demselben Resultat, wenn auch aus einem andern Grunde, als Köpke.

[2] Köpke in Note 13 bei Pertz, Mon. SS. XII, 750.

[3] Vgl. die einander widersprechenden Noten Köpkes N. 13 u. 23 bei Pertz, Mon. SS. XII, 752.

[4] Ueber das Todesjahr Judiths s. Mon. Boic. XIV, 374 und Dlugossus, Hist. Pol. IV, 311.

bei ihren Lebzeiten an den kaiserlichen Hof kam. In der Zeit von 1088, in welchem Jahre die Vermählung Judiths mit dem Herzoge Wladislaus Statt fand, bis zum Ende des Jahres 1089 oder Anfang des Jahres 1090 konnten ganz gut jene Gesandtschaftsreisen im Auftrage der Herzogin an den kaiserlichen Hof Statt finden, von denen die Biographen Otto's berichten.

Schon Sollerius [1]) hat deßhalb das Jahr 1090 als dasjenige angenommen, in welchem Otto in die kaiserliche Kapelle aufgenommen wurde. Im Wesentlichen stimmen L. Giesebrecht, Jäck und Barthold damit überein, wenn sie auch zwischen den Jahren 1090 bis 1092 schwanken. In neuester Zeit hat Volkmann den Versuch gemacht, damit die Nachricht Ebbo's zu vereinigen, nach welcher Otto zu Regensburg an den kaiserlichen Hof kam. Volkmann [2]) kann es sich nicht denken, daß die Erzählung Ebbo's von der Anwesenheit Otto's in Regensburg gänzlich erdichtet sei. Wenn auch, was Ebbo sonst von Otto erzählt, nicht geradezu zu glauben ist, Volkmann ist der Ansicht, Otto sei, als der Kaiser das Fest der Reinigung Mariä zu Regensburg beging, vor dem Zuge desselben nach Italien, in den kaiserlichen Dienst getreten, am 2. Februar 1089 [3]).

Es dürfte allerdings dieser Zeitpunkt etwas zu kurz genommen sein, wenn man erwägt, daß Otto nach der Hochzeit Judiths mit dem polnischen Herzoge, die im Jahr 1088 statt hatte, wenigstens zweimal als Gesandter der Herzogin an den kaiserlichen Hof gereist ist. Das jedoch scheint mit großer Wahrscheinlichkeit angenommen werden zu müssen, daß Otto's Aufnahme in die Kapelle des Kaisers vor dem Zuge desselben nach Italien zu setzen sei. Für diese Annahme spricht noch der Umstand, daß nicht allein Otto's Biographen, sondern auch der Abt Ekkehard von Aurach

---

[1]) Acta SS. Jul. tom. I, 360.

[2]) Volkmann p. 11.

[3]) Volkmann, p. 10: Quae cum ita sint, multo verisimilius est bis . . . Ottonem c. 1089 in imperatoris officio esse incepisse.

berichten ¹), Otto habe bei Heinrich IV. die Kanzlerwürde bekleidet. In Deutschland haben wir eine ununterbrochene Reihe von Kanzlern in dieser Zeit: auf die Kanzlerwürde in Deutschland ist jene Notiz der Biographen, wie Ekkehard's nicht zu beziehen. Dagegen hat man dann mit großer Wahrscheinlichkeit geltend gemacht, daß Otto den Kaiser auf seinem Zuge nach Italien begleitet habe und von diesem mit dem Kanzleramte daselbst betraut worden sei ²).

Seit seiner Aufnahme an den kaiserlichen Hof befand sich Otto meist in der nächsten Umgebung Heinrich IV.: seine Biographen erzählen, er habe mit demselben gewöhnlich die Psalmen gesungen; zu jeder Zeit sei Otto in dieser Beziehung dem Kaiser zu Diensten gewesen. Daß diese nahen Beziehungen zwischen Heinrich IV. und seinem Kapellan ein gewisses Freundschaftsverhältniß zwischen beiden begründen, jedenfalls Otto die Gunst des Kaisers in hohem Grade zuwenden mochten, dafür haben wir Herbord und Ebbo als Zeugen. Mag auch manches, besonders was Ebbo von kleinen Aufmerksamkeiten Otto's gegen Heinrich IV. erzählt, anekdotenhaft erscheinen ³), soviel ist gewiß, daß sich Otto der besonderen Gunst des Kaisers erfreute. Dafür spricht nicht nur, daß Heinrich IV. ihn zum Kanzler erhob, es geht dies auch ferner hervor aus einem Briefe Erlongs an Otto ⁴), in welchem ihm dieser seinen Dank ausspricht, daß er durch seinen Einfluß an dem kaiserlichen Hofe so hohe Gnade gefunden. Dieser Brief fällt in die Zeit, wo Erlong zum Bischof von Würzburg gewählt war; und gerade diese seine Bestimmung zum Bisthum Würzburg verdankt Erlong dem Einflusse Otto's. Bald erhielt Otto Gelegenheit, auch in wichtige-

---

¹) Ekkehard ad a. 1002 bei Pertz, Mon. SS. VI, 224: Ruotpertus episcopus Babenbergensis obiit; cui per imperatorem Heinricum Otto, cancellarius eius substituitur.

²) Chronic. Gottwic. p. 302. Vgl. dazu Volkmann, 13 u. 14 und Köpke in Note 14 bei Pertz, Mon. SS. XII, 750.

³) Ich meine hier die Erzählung Ebbo's, nach welcher Otto das Psalterium des Kaisers mit einer neuen Decke versah. Ebbo I, 6 und Volkmann, 12 mit Note 3.

⁴) Udalr. Babenb. cod. epist. n. 228. Der Schluß des Briefes paßt weder der Zeit, noch den Verhältnissen nach zu dem übrigen Theile des Briefes.

ren Geschäften seine Tüchtigkeit zu zeigen. Heinrich IV. war es trotz aller angewandten Mittel nicht gelungen, den Bau des Speirer Domes, den sein Großvater Konrad II. begonnen, sein Vater Heinrich III. unvollendet zurückgelassen, zu Ende zu führen. Die Nachlässigkeit und Betrügerei der Baumeister ließ den Bau nur langsam vorwärts schreiten. Die Umsicht und die Aufmerksamkeit, die Otto in geringeren Geschäften bewies, mochte den Kaiser bestimmen, die ganze Leitung des Bau's, die Verwaltung des Geldes und die Rechnungführung Otto zu übertragen. In vollem Maße rechtfertigte Otto das Vertrauen des Kaisers: seit er die Leitung des Bau's übernommen, ging der Dom mit wunderbarer Schnelligkeit seiner Vollendung entgegen. Es läßt sich dann wohl begreifen, daß Heinrich IV. solche Tüchtigkeit nicht unbelohnt lassen wollte. Wir finden, daß er bereits im Anfange des Jahres 1097 Otto das durch den Tod Sigfrids erledigte Bisthum Augsburg antrug. Damals schlug Otto das Bisthum aus, indem er sich einer solchen Ehre für unwürdig erklärte. Ob das aber der einzige und triftige Grund war, der Otto bestimmte, das Bisthum Augsburg nicht anzunehmen, kann man wohl bezweifeln. Er mochte wohl fühlen, in welche schiefe Stellung er bei dem zwischen Kaiser und Papst noch fortdauernden Investiturstreit gerathen mußte. Auf der einen Seite das Gefühl der Dankbarkeit gegen den Kaiser als seinen Wohlthäter, auf der andern Seite der religiöse Sinn Otto's, der ihn die Investitur mit Ring und Stab als ein dem Papste zustehendes Recht betrachten ließ, solche Gründe sind es, die ihn bewogen, auch das ihm im Jahre 1101 von dem Kaiser angebotene Bisthum Halberstadt abzulehnen [1]).

Es kann zweifelhaft erscheinen, ob der Kaiser den tiefern Grund kannte, der Otto bestimmte, zwei Bisthümer abzulehnen, ob ihm die Ansicht bekannt war, die Otto über die Investitur hatte. Vielmehr müssen wir annehmen, daß Heinrich IV. Otto für seinen ergebensten Anhänger hielt, und daß er ihn aus diesem Grunde kurz darauf auf einen der bedeutendsten Bischofssitze Deutschlands erhob.

---

[1]) Bollmann 15 mit Note 3.

Es ist interessant, an der Hand Herbords dem Hergang etwas genauer zu folgen ¹).

Am 11. Juni des Jahres 1102 starb Bischof Robert von Bamberg, und nach der Sitte jener Zeit wurden die bischöflichen Insignien, Ring und Stab, an den kaiserlichen Hof gebracht und damit die Bitte um einen neuen Oberhirten verbunden. Nicht sofort willfahrte der Kaiser der Bitte der Abgesandten, sondern bat sich eine Bedenkzeit von 6 Monaten aus, um hierüber einen Entschluß zu fassen. Während dieser Zeit flehte Klerus und Volk in Bamberg unabläßig zum Himmel um einen tüchtigen Bischof.

Bereits war die von dem Kaiser ausgebetene Zeit verstrichen, und man dachte in Bamberg daran, eine Gesandtschaft an den kaiserlichen Hof zu schicken; da kamen von Heinrich IV. Boten mit der Nachricht, es sei ein geeigneter Bischof für ihre Kirche gefunden; es möchten sich Abgeordnete der Bamberger Diöcese an den Hof begeben und dort sich denselben bezeichnen lassen. Hoch erfreut begaben sich der Dompropst Egilbert ²), der Dombechant Adalbert, Eberhard, Probst von St. Jakob, mit andern hervorragenden Männern der Bamberger Kirche, an ihrer Spitze der Graf Berengar von Sulzbach, gegen Weihnachten nach Mainz an das kaiserliche Hoflager. Unterdessen wallfahrtete in Bamberg am Sonntage vor Weihnachten Alt und Jung auf den Berg des heil. Michael, um durch dessen Fürbitte einen frommen Oberhirten zu erhalten. Die Gesandtschaft wurde höchst ehrenvoll am Hofe aufgenommen und von dem Kaiser mit folgenden Worten empfangen: „Wie große Sorgfalt ich für eure Kirche trage, das könnt ihr daraus entnehmen, daß ich nicht voreilig einen Bischof für dieselbe bestimmt habe, sondern daß ich mir zu reiflicher Ueberlegung Zeit ausbat und während derselben mit großer Sorgfalt zu Werke ging. Was Wunder auch? Ist doch diese Kirche von unsern Vorfahren gegründet, mit allen Gütern ausgestattet, bereichert und erhöht worden! Und für eine solche Kirche ziemt es sich einen klugen und weisen, nicht einen übermüthigen Bischof zu bestellen,

---

¹) Herbord I, 6 u. 7.
²) Die Namen hat Ebbo I, 10.

mag ich auch sonst bei Besetzung der Kirchen nicht so besorgt gewesen sein, sondern schnell und rücksichtslos gehandelt haben" [1]).

Einige Male mochte der Kaiser die Bamberger Abgesandten mit solcherlei Reden vertröstet haben [2]), da endlich fragten sie, des Aufschubs müde, den Kaiser, wer denn der sei, den er ihnen zum Bischof bestimmt habe. Da ergriff Heinrich IV. Otto bei der Haud mit den Worten: „Hier ist er. Der ist euer Herr; dieser ist der Oberhirt der Bamberger Kirche!" Der erste Eindruck, den die Erhebung Otto's auf die Bamberger Abgesandten und auf die herumstehenden Höflinge machte, war ein gleich ungünstiger. Die Abgeordneten der Bamberger Diöcese, die erwartet haben mochten, der Kaiser werde einen der Angesehendsten seines Hofes, der ihnen bekannt sei, zu ihrem Bischof bestimmen, musterten niedergeschlagen Otto von oben nach unten [3]), bis sie ermuthigt durch die Geberden der Hofleute, die für sich oder einen der ihrigen diesen bedeutenden Bischofssitz gehofft haben mochten, zum Widerspruche gegen den Kaiser sich ermannten. „Wir hofften", sprach Graf Berengar von Sulzbach, „wir würden einen von den Fürsten oder Herren eures Hofes, der uns bekannt, zum Herrn erhalten. Diesen aber kennen wir nicht; wir wissen nicht wer, noch woher er ist."

„Und wollt ihr wissen, wer er ist," fragte der Kaiser aufgebracht über den Widerspruch, den seine Wahl hervorgerufen. „Ja! wir wollen es." „Nun gut! Ich bin sein Vater, Bamberg soll seine Mutter sein! Sollte aber Jemand dieser meiner Wahl entgegen sein, so wisse er, daß er mich beleidigt und meinen Unwillen auf sich laden wird. Denn nicht leichten Sinnes bin ich dabei zu Werke gegangen, nicht durch Privatvortheile bin ich be-

---

[1]) Herbord, I, 7: Unde alias non ita solliciti fuimus, sed cito et absque trepidatione fecimus, quod faciendum erat.

[2]) Herbord I, 7: Cumque his et huiusmodi verbis consilium suum legatis semel et iterum commendaret imperator, quidam ex eis, tanquam pertesi dilatione, ubinam vel quis esset sciscitantur.

[3]) Herbord, I, 7: Consternati ad horam illi sese invicem respiciunt, illumque oculis dejectis sumunt et resumunt, aliique nobiles circumstantes, qui aut sibi aut suis cupiebant, nutu ac mussitatione legatos quasi ad contradictionem instigabant.

stimmt worden, sondern was ich jener Kirche für höchst nothwendig hielt, davon bin ich bei dieser Wahl geleitet worden. Mein Urtheil über ihn steht fest: ich habe ihn als einen erfahrenen Mann kennen gelernt und erprobt, seine Treue, seine Geduld, seine Ausdauer, seine Klugheit, sein Scharfsinn, seine Gewissenhaftigkeit in kleinen, sein Ernst in großen Geschäften ist mir zur Genüge bekannt, so daß seine Entfernung vom Hofe für mich von großem Nachtheil sein wird, da er alle Geschäfte ernst und gewissenhaft zu erledigen pflegte."

Otto selbst aber wirft sich dem Kaiser zu Füßen, indem er unter vielen Thränen die ihm angebotene Ehre von sich weist: er sei arm, einer solchen Würde nicht werth; es sei billiger, berühmte, edle, mächtige und reiche Herren, wie seine Mitkapellane seien, zu solcher Würde zu erheben." „Seht ihr," bedeutete der Kaiser die Bamberger Gesandten, „wie sehr diesen Mann der Ehrgeiz quält? Es ist bereits das dritte Mal, daß er den ihm angebotenen Bischofssitz ausschlägt. Für das Augsburger und später für das Halberstädter Bisthum hatte ich ihn bestimmt und jedesmal bat er, diese Würden den andern Kapellanen zu übertragen, die älter als er, schon früher ihre Arbeitskräfte dem Hofe gewidmet hätten. Ich hoffe, daß Gott es war, der ihn der Bamberger Diöcese aufbewahrte!" Mit diesen Worten steckte der Kaiser den Ring an Otto's Finger und überreichte ihm den Stab. Sofort wird er von den Abgesandten und von dem ganzen Hofe als Bischof begrüßt. Die Bamberger, in dieser Wahl Otto's das Werk Gottes erblickend, umarmen denselben, ihren Herrn und Vater ihn nennend. Noch einmal empfahl ihn dann Heinrich IV. den Bambergern als ihren Herrn, indem er hinzufügte, er werde jede Beleidigung an Otto als seiner eigenen Person zugefügt ansehen.

In so ausführlicher Weise berichtet Herbord den Hergang bei der Erhebung Otto's zum Bisthum Bamberg. Kürzer, aber im Wesentlichen in derselben Weise lautet der Bericht bei Ebbo. Nur dürfte bei Ebbo die Erzählung, es habe der Kaiser von Otto die bremischen Bischofsinsignien, die er ihm früher zur Aufbewahrung übergeben, zurückgefordert, als unrichtig auszuscheiden sein, da der bremische Bischofsstuhl bereits vorher besetzt war. Dabei hat Ebbo auch eine anekdotenartige Erzählung beigefügt, als sei Heinrich IV. durch Kinder bewogen worden, Otto zum Bisthum Bamberg zu erheben. Anderes hat dann Ebbo wieder weggelassen, wie daß Heinrich IV. Otto schon früher zwei Bisthümer angeboten: dieser letztere Umstand wird von Otto selbst in seinem Briefe an den Papst Paschal II. bestätigt.

Wenn uns dann Herbord — und Ebbo stimmt ihm bei — weiter berichtet, Otto habe nur nach langem Bedenken und mit Widerwillen die ihm zugedachte Würde angenommen, so ist das nicht zu verwundern. Noch war der Kampf zwischen Kaiser und Papst um die Investitur nicht ausgekämpft, und welches Otto's Meinung in diesem Kampfe war, berichtet Herbord [1]): Otto war der Meinung, das Streben der kaiserlichen Gewalt, die Besetzung der geistlichen Stellen an sich zu bringen, sei ein gewaltthätiges und ungerechtes.

Doch mochte Otto die ihm angebotene Würde nicht geradezu ablehnen: er hielt es für eine göttliche Fügung, daß ihm zum dritten Male die bischöfliche Würde angetragen wurde. Doch gelobte er, niemals diese Würde behalten zu wollen, wenn er nicht mit Uebereinstimmung seiner Kirche Weihe und Investitur auf kanonische Weise von der Hand des Papstes empfangen dürfe.

Weihnachten 1102 feierte Otto mit dem Kaiser in Mainz und blieb, nachdem er einen Theil der Bamberger Abgesandten entlassen hatte, noch 40 Tage am kaiserlichen Hofe.

Gerne glauben wir Ebbo [2]), wenn er berichtet, der Kaiser habe mit Otto im Geheimen über Reichsangelegenheiten sich berathen, ihm über sein Verhalten Instructionen gegeben und ihn dann reich beschenkt nach Bamberg entlassen.

Gegen Ende des Januar 1103 verließ Otto den kaiserlichen Hof und begab sich unter dem Geleite der Bischöfe Hermann von Augsburg und Emehard von Wirzburg in seine Diöcese. An

---

[1] Herbord I, 7: (Otto) aegre quidem et cum multa haesitatione consensit, propter de investitura contentionem inter regnum et sacerdotium, et propter electiones ecclesiarum, quas evacuare ac sibi vendicare vi magis quam juste laborabat imperialis auctoritas.

[2] Ebbo I, 9: Imperator autem secretius eum de necessariis quibusque paterna informans diligentia, aliquandiu in palatio detinuit.

dem Orte Ampherbach), der die Gränzscheide zwischen der Wirzburger und Bamberger Diöcese bildete, kam ihm Klerus und Volk von Bamberg, und unter ihnen die Angesehensten des Bisthums entgegen. Es war am 1. Februar, als er von weitem den Bamberger Dom erblickte, da stieg er vom Pferde, löste seine Sandalen und ging barfuß bis zur Kirche des hl. Georg trotz des grimmigen Frostes, der ihm für die Zeit seines Lebens ein heftiges Podagra zuzog.

II. Von der Erhebung Otto's zum Bisthum Bamberg bis zu seiner Consecration durch den Papst Paschal II.

Wir haben gesehen, nach Otto's Ueberzeugung war der Kampf des Kaisers mit dem Papste um die Investitur ein ungerechter: Otto's Ansicht war, die Investitur mit Ring und Stab stehe rechtmäßiger Weise dem Papste zu.

Dem war es nun ganz entsprechend, und wir finden es im Einklange mit dem Gelübde, das er am Hofe des Kaisers gethan, wenn Otto sich alsbald nach seiner Aufnahme in sein Bisthum an den Papst wendet und mit diesem Unterhandlungen über seine Consecration anknüpft.

Es liegen uns über diese Unterhandlungen zwei von einander abweichende Berichte vor. Nach Herbord [1] hat Otto kurze Zeit nach seiner Ankunft in Bamberg Boten mit einem Briefe nach Rom geschickt und hierauf ein Antwortschreiben des Papstes erhalten. Ebbo dagegen erzählt [2], Otto habe die Zeit seiner

---

[1] Herbord I, 8: Memor ergo voti sui post paucos dies susceptioni suae, antequam de aliis rebus suis ordinaret, nuncios Romam mittit et litteras in hunc modum. Vgl. dazu über die Zeit dieses Briefes Köpke's Note 29 bei Pertz, Mon. SS. XII, 753.

[2] Ebbo I, 9: (Otto) consecrationis suae gratiam longo tempore, i. e. per triennium distulit, ut post modum suscepti praesulatus curam tanto perfectiori interiorum et exteriorum scientia administraret, quanto ad hanc instructior ex tempore veniret. Angebat quoque dilationis huius causam

Consecration absichtlich drei Jahre hinausgeschoben, um dann mit größerer Kenntniß der innern und äußern Verhältnisse seines Bisthums an die Verwaltung desselben gehen zu können, je mehr Zeit ihm vergönnt sei, über dieselben sich zu unterrichten. Ebbo weiß auch den Grund dafür anzugeben, warum Otto von dem Papste die Consecration zu erhalten wünschte: Otto's Metropolitan, der Erzbischof Rudhart von Mainz, habe die Consecration nicht vollziehen können, weil derselbe als Feind des Kaisers aus seiner Diöcese vertrieben, in Thüringen lebte. Ebbo bringt dann wohl ein Schreiben Otto's an den Papst, aber von einem Antwortschreiben des letzteren an Otto weiß er nichts. Er fügt dann nur noch hinzu, der Papst sei über den Brief Otto's sehr erfreut gewesen und habe ihn eingeladen, nach Rom zu kommen [1]).

So nun verhält sich die Sache denn doch nicht. Wir werden finden, daß auch in diesen Unterhandlungen, die Otto mit dem Papste wegen seiner Consecration gepflogen, wieder Herbord unser Gewährsmann ist. Es stimmt nicht zu dem Verhalten Otto's bei seiner Erhebung zum Bisthum Bamberg, wenn Ebbo berichtet, er habe absichtlich seine Weihe drei Jahre hinausgeschoben. Aus den Briefen Otto's an den Papst, die wir besitzen, können wir ersehen, mit welcher Eile er auf seine Consecration gedrängt hat, wie unangenehm ihm die Hindernisse waren, die sich seinem Wunsche in den Weg legten. Unwahrscheinlich ist, daß der Papst den Brief Otto's unbeantwortet gelassen haben sollte, und ihn einfach durch die Boten, die Otto an denselben geschickt, hätte einladen lassen, nach Rom zu kommen. Und auch der Grund, weßhalb Ebbo Otto die Weihe von dem Papste selbst suchen läßt, ist nicht stichhaltig: Otto hat auch nachher zu der Zeit, da Erzbischof Rudhart von Mainz im Stande war, die Weihe vorzunehmen, noch darauf bestanden, die Consecration von dem Papste

---

scismatis, quod tunc in regno erat, dolenda satis confusio, quia Ruthardus venerabilis Moguntinus archiepiscopus, quasi rebellis imperatori, et per hoc kathedra sua depulsus, in Thuringia per octo annos jam morabatur.

[1]) His ergo litteris ab apostolico reverenter susceptis et relectis, idem summus pontifex Paschalis gaudio repletus .... pium Ottonem paterna dulcedine ad sedem apostolicam evocavit.

zu erhalten. Es tritt dazu noch ein anderes Moment, das uns bestimmt, die Einleitung der Unterhandlungen in die erste Zeit nach der Erhebung Otto's zu setzen, wenn auch die Weihe in der That erst im Jahre 1106 Statt hatte. Wir haben außer den zwei Briefen Herbord's und dem Briefe bei Ebbo noch einen andern Brief Otto's an den päpstlichen Legaten in Deutschland, den Bischof Gebhard von Constanz [1]), aus dem hervorgeht, daß der Papst noch einen Brief an Otto geschrieben, der uns aber verloren gegangen ist. Mit Bestimmtheit kann man also sagen, daß in den Unterhandlungen Otto's mit dem Papste sechs Briefe gewechselt wurden. Es wird also für die damaligen Zeitumstände nicht zu viel gesagt sein, wenn man für diese Unterhandlungen einen Zeitraum von drei Jahren beansprucht; am allerwenigsten läßt sich dieser Briefwechsel vom Ende des Jahres 1105 bis in den Anfang des Jahres 1106 zusammendrängen, abgesehen davon, daß Herbord's und Ebbo's Briefe zu verschiedenen Zeiten abgefaßt worden sind. Damit widerlegt sich zugleich auch die Nachricht Herbord's, als habe Otto noch in demselben Jahre, in welchem er den ersten Brief an den Papst geschrieben, im Jahre 1103, in Rom die Weihe erhalten.

Kurze Zeit nach seiner Ankunft in Bamberg schrieb Otto, eingedenk des Gelübbes, das er am kaiserlichen Hofe gethan, an den Papst den Brief, den uns Herbord erhalten hat [2]). Darin spricht Otto seine Ueberzeugung aus, daß alle kirchliche Gewalt nur von dem Nachfolger Petri ausgehe, und erklärt unumwunden, in allen Stücken sich der römischen Kirche unterwerfen zu wollen.

---

[1]) Udalr. Babenb. cod. epist. n. 227: Notum sit ergo caritati tuae, nos a Domino Apostolico paternae consolationis accepisse litteras. Aus dem Briefe Otto's an den Bischof Gebhard von Constanz, in welchem von dem verloren gegangenen Briefe des Papstes an Otto die Rede ist, ergibt sich, daß Otto vorher noch einen Brief an Paschal II. geschrieben, der auch verloren ist.

[2]) Herbord I, 9 u. Ussermann, Episc. Bamb. ed. pr. n. 54. Ussermann setzt diesen Brief und das Antwortschreiben des Papstes in das Jahr 1103; Köpke in den September bis December 1105 bei Pertz, Mon. SS. XII, 753, Note 29; Jaffé, Regg. Pontiff. n. 4516 setzt das Antwortschreiben des Papstes in das Jahr 1105. Vgl. Mansi. XX, 1044. Ueber die Reihenfolge der Briefe s. L. Giesebrecht, Wend. Gesch. II. 226.

Dann erzählt Otto den Hergang der Sache, wie er die Investitur durch die Hand des Kaisers für unrechtmäßig haltend, zwei Bisthümer, die ihm der Kaiser angeboten, ausgeschlagen habe. Jetzt aber habe ihn der Kaiser auf den Bamberger Bischofsstuhl erhoben [1]); er sei jedoch entschlossen, der bischöflichen Würde zu entsagen, wenn er nicht Investitur und Consecration von dem Papste erhalten könne. Schließlich ersucht er den Papst, ihm hierüber seinen Willen zu offenbaren. Der Papst [2]), hoch erfreut über eine solche Meinungsäußerung eines deutschen Bischofs, drückte in einem Antwortschreiben seine Befriedigung über Otto's Verhalten aus und lud ihn ein, sobald als möglich nach Rom zu kommen.

Aus einem Briefe Otto's an den päpstlichen Legaten, den Bischof Gebhard von Constanz, geht hervor, daß Otto einen zweiten Brief an den Papst geschrieben, worin er auf die Schwierigkeiten aufmerksam gemacht, die seiner Reise nach Rom entgegenständen; daß der Pabst darauf ihm tröstend geantwortet und ihn bezüglich seiner Consecration an seinen Metropolitan, den Erzbischof Rudhart von Mainz, verwiesen habe [3]). In dem erwähnten Briefe Otto's an den päpstlichen Legaten bittet er denselben um seinen Rath; Otto macht den Legaten darauf aufmerksam, daß dem Erzbischofe Rudhart die Consecration von dem Papste untersagt sei, daß er in Folge dessen von demselben die Weihe nicht erhalten könne [4]). Am Schlusse bittet Otto den Legaten, er möge ihm

---

[1] Herbord I, 9 bei Pertz Mon. SS. XII. 753: Nunc vero jam tertio in Bambergensi episcopatu me ordinavit. Es erhellt aus dieser Stelle, daß Otto diesen Brief kurz nach seiner Erhebung geschrieben.

[2] L. Giesebrecht, Wend. Gesch. a. a. O. u. Köpke in Note 30 bei Pertz, Mon. SS. XII, 853, setzen das Antwortschreiben des Papstes in das Jahr 1106 als Antwort auf den Brief, den Otto zuletzt geschrieben, wie es scheint, ohne Grund. Vgl. dazu Volkmann p. 21, N. 3 u. p. 22. N. 1. Ussermann, Episc. Bamb. p. 56 bemerkt: Datae autem videntur hoc an. 1103 atque ad confirmationem Ottonis in episcopatu spectant, a qua nonnunquam sui pontificatus annos numerat.

[3] Udalr. Babenb. cod. n. 227.... Flagitamus itaque obnixius, ut perspecta accuratius clausula, qua jubemur consulere Metropolitanum, ut officii sui debitum prosequatur u. s. w.

[4] Ibid.: Non enim es immemor praecepti domini Apostolici per te Metropolitano injuncti, videlicet ut a consecratione Episcoporum contineat

einen Empfehlungsbrief des Erzbischofs von Mainz verschaffen, den er dann dem Papste vorzeigen will, um von ihm die Weihe zu erhalten. Mit Recht machte Otto die päpstliche Curie, die darauf vergessen zu haben schien, auf den Umstand aufmerksam, daß dem Erzbischof Ruthart von Mainz die Ausübung seiner geistlichen Pflichten untersagt sei. Aber auch nachher, als dieser von dem Papste in seine geistlichen Rechte eingesetzt war, weiß Otto Gründe geltend zu machen, die ihm die Weihe durch den Erzbischof als unannehmbar erscheinen lassen. Man sieht, Otto wollte sich in seiner anfänglichen Absicht, von dem Papste selbst die Weihe zu erhalten, nicht beirren lassen. Nur waren die Zeitumstände nicht dazu geeignet, ein solches Vorhaben zu realisiren. Der Kampf Heinrich IV. mit dem Papste und mit seinem Sohne war einer Reise nach Italien nicht günstig. Erst nachdem dieser Kampf zu Gunsten Heinrich V. sich entschieden hatte, als die Fürsten auf der Reichsversammlung zu Mainz, Weihnachten 1105, für den Sohn des Kaisers und für eine Ausgleichung mit dem Papste sich ausgesprochen, da erst konnte Otto ernstlich daran denken, zur Erfüllung seines sehnlichsten Wunsches die geeigneten Schritte zu thun. Wir haben aus dieser Zeit einen Brief Otto's an den Papst — es ist der Brief, den Ebbo bringt [1]), — worin er seine Freude darüber ausspricht, daß endlich wieder einmal durch die Barmherzigkeit Gottes das Licht der Wahrheit erglänze. Nachdem Otto dem Papste erklärt, daß er in allen Stücken seinem Legaten gehorcht habe, und so lange er lebe, gehorchen werde, bittet er ihn, ihm ein geneigtes Gehör zu schenken. Es ist die Angst um die Ordination, die ihn drückt; in seiner Angst, in seinen Zweifeln, in diesem Meer von Sorgen einem Schiffbrüchigen ähn-

---

manus, und am Schlusse: Non enim si nostri servitii obtentu anniti curaveris, negabit (Ruthardus) tibi epistolam commendatitiam, quam ex ipsius parte Romanae sedis perferamus Pontifici.

[1]) Ebbo I, 10. Udalr. Bab. cod. n. 226. Ussermann, cod. prob. n. 60. Vgl. dazu Köpke in Note 34 bei Perz, Mon. SS. XII, 828; er setzt diesen Brief in die Zeit nach der Gefangennehmung durch den Grafen Adalbert. S. Volkmann p. 24, Note 2 und 3.

lich), ruft er um Rettung. Nachdem er dann noch einmal seiner
Ergebenheit gegen den Papst den vollsten Ausdruck gegeben, bittet
er Paschal II., ihn zu benachrichtigen, ob er die Consecration von
ihm erhalten könne. Er besteht auch jetzt noch darauf [1]), gerade
von dem Papste selbst die Weihe zu erhalten, weil es, obgleich
der Erzbischof von Mainz die Erlaubniß die Weihe zu ertheilen
hat, an Assistenten bei dieser heiligen Handlung fehlen würde.

Aus dem Eingange dieses Briefes ist leicht zu ersehen, daß
er nach Beendigung des Kampfes zwischen Heinrich IV. und seinem
Sohne, nach der Entthronung des ersteren abgefaßt wurde. Es
hatte sich hiemit zugleich für Otto eine passende Gelegenheit erge=
ben, durch eine Reise nach Rom seinen sehnlichsten Wunsch baldigst
erfüllt zu sehen.

Nach der Entthronung Heinrich IV. zu Ingelheim hielt Hein=
rich V. am 25. December 1105 eine Reichsversammlung zu Mainz.
Auf derselben wurde beschlossen, zur Herstellung des Friedens zwi=
schen Reich und Kirche eine Gesandtschaft nach Rom zu schicken [2]).
Unter dieser Gesandtschaft, zu der man die angesehensten Bischöfe
des Reichs auserwählte, befand sich Otto von Bamberg.

Im Anfange des Jahres 1106 trat diese Gesandtschaft die
Reise an, wurde aber im Thale von Trient von dem Grafen Abal=
bert, einem Anhänger Heinrich IV., überfallen und mit Ausnahme
des Bischofs Gebhard von Constanz gefangen genommen. Dieser
gelangte auf geheimen Wegen nach Rom.

Wie Otto seine Freiheit wiedererlangte, ob sogleich, oder erst
auf die Briefe des Bamberger Kapitels hin durch Herzog Welf
von Baiern, und unter welchen Bedingungen, ist fraglich. Ueber
diesen Vorfall haben wir von den Biographen Otto's keine Nach=
richt; Ekkehard ist unser Berichterstatter. Außerdem besitzen
wir zwei Briefe des Bamberger Kapitels an einen Bischof und

---

[1]) **Ebbo I, 10**: Quam (consecrationem) nimirum propterea a tuae sanctitatis manu tantopere expetimus, quia metropolitanus noster, etsi per te habeat consecrationis gratiam, tamen quod sine lacrymis fateri nequimus, magnam cooperatorum spiritualis doni habet penuriam.

[2]) **Ekkehard** ad a. 1106 bei Pertz, Mon. SS. VI, 232.

an den Herzog Welf von Baiern ¹). In beiden Briefen wendet sich das Bamberger Kapitel an den Abbreſſaten um Hülfe zur Befreiung des Biſchofs. Aus dem Briefe an den Herzog Welf geht hervor ²), daß Graf Adalbert ein ungeheures Löſegeld für Otto verlangte, daß die Sache keineswegs ſo einfach ablief, wie ſie bei Ekkehard und dem ſächſiſchen Annaliſten erzählt wird. Sicher iſt, die Befreiung der Gefangenen erfolgte durch den Herzog Welf, ob in Folge des Briefes des Bamberger Kapitels, oder war Otto ſchon befreit, bevor der Brief an Welf gelangt war, iſt nicht mit Beſtimmtheit feſtzuſtellen.

Es iſt da nun die Frage, ob Otto ſeinen Weg nach Rom ſogleich fortgeſetzt hat, oder zuvor nach Bamberg zurückgekehrt iſt. In Zuſammenhang damit ſteht dann die andere Frage über die Zeit, wann der letzte Brief Otto's an den Papſt abgefaßt wurde.

Uſſermann und Köpke nehmen an ³), Otto ſei nach ſeiner Befreiung nach Bamberg zurückgekehrt; jener fügt noch bei, er habe ruhigere Zeiten abgewartet, wo er mit größerer Sicherheit nach Rom kommen könnte. In Beziehung darauf hat man dann weiter verſucht, den letzten Brief Otto's an den Papſt in die Zeit nach der Gefangennehmung im Trienter Thal zu ſetzen. Die Gründe, die man dafür aus dem Briefe ſelbſt anführt, ſind doch nicht ſtich= haltig. Was Otto darin von der Sicherheit der Reiſe und von dem Schaden bemerkt ⁴), den ſeine Diöceſe erlitten, iſt wohl nur auf die Zeit des Kampfes zwiſchen Heinrich V. und ſeinem Vater zu beziehen.

---

¹) Udalr. Babenb. cod. n. 282 und 283. Der Brief an den Herzog Welf befindet ſich auch bei Uſſermann, cod. pr. n. 59.

²) Udalr. Babenb. cod. n. 283 . . . . Cum enim et episcopo et ad sedem Apostolicam religioso habitu proficiscenti sacrilegas manus injecissent, deinde ingentes pecunias, quas ad tanti itineris impensas paraverat, diripuere; nec adhuc tanta praeda contenti, nunc ab eo mille manseros, i. e. totum Episcopi (Uſſermann lieſt: Episcopii) patrimonium extorquere conantur. Vgl. Köpke in Note 30 bei Pertz, Mon. SS. XII, 753.

³) Uſſermann, Episc. Bamb. p. 58 und Köpke in Note 30 bei Pertz, Mon. SS. XII, 753.

⁴) Ebbo I, 10: Si mandas, ut ad te veniamus, opes nostrae licet rapina et igne sint attritae, tamen desiderio te videndi . . .

Dem entgegen hat Volkmann¹) geltend zu machen versucht, Otto sei nach seiner Befreiung nicht nach Bamberg zurückgekehrt, sondern sogleich weiter gereist. Die Veranlassung zu dieser Annahme hat er in dem kurzen Zeitraum gefunden, der zwischen Otto's Befreiung und seiner Ankunft in Rom liegt. Darauf läßt sich doch erwidern, daß dieser Zeitraum keineswegs so kurz ist, daß Otto nicht vorher nach Bamberg hätte zurückkehren können. Kurz vor Mitte März wurde Otto befreit ²) und Anfangs Mai war er in Rom angelangt: Zeit genug, um vorher nach Bamberg zurückzukehren.

Von großem Gewicht bei Entscheidung dieser Frage ist die Erzählung dieser Ereignisse bei Ekkehard von Aurach: wir entnehmen seinem Berichte, daß er in Gemeinschaft mit Andern von diesen Vorfällen betroffen wurde ³). Eine bekannte Thatsache aber ist es, daß Ekkehard zu Otto in sehr nahen Beziehungen gestanden; wenigstens läßt sich nicht nachweisen, daß er zu einer der andern Persönlichkeiten, die mit der Gesandtschaft an den Papst betraut worden, in einem ähnlichen Verhältniß gestanden. Im Gefolge des Bischofs Otto hat Ekkehard die Reise nach Italien mitgemacht und gerieth im Thale von Trient mit diesem in die Gefangenschaft des Grafen Abalbert. Aus dem weiteren Berichte Ekkehard's ergibt sich dann, daß er nach der Befreiung mit den Andern, d. h. mit Otto nach Hause zurückgekehrt ist.

Nach einem kurzen Aufenthalt in Bamberg trat dann Otto die Reise nach Italien an, gelangte am Tage der Himmelfahrt Christi, am 5. Mai, nach Rom und begab sich nach Anagnia, wo

---

¹) Volkmann, p. 25 mit Note 6.
²) Ekkehard ad a. 1106 bei Pertz, Mon. SS. VI, 234: Tunc etiam a prima ebdomada quadragesimae, qua et mediante haec passi sumus. Vgl. Volkmann, p. 25, Note 1.
³) Ekkehard ad a. 1106 bei Pertz, Mon. SS. VI, 234: Tunc etiam a prima ebdomada quadragesimae, qua et mediante haec passi sumus, cometam conspeximus und p. 235: Revertentes quoque, tam pauperes quam divites, non sine proprio singuli dampno, regem nostrum Heinricum quiddam infortunii perpessum a rebellantibus sibi nonnullis per Alsatiam seditiosis, fama sinistra percepimus. Ueber das Verhältniß Ekkehards zu Otto s. die Einleitung zur Chronik des Ekkehard bei Pertz, Mon. SS. VI, 2 und ff.

sich der Papst gerade befand. Mit Otto war eine Anzahl angesehener Männer der Bamberger Diöcese gekommen[1]), die den Papst im Namen ihres Kapitels begrüßten und ihn um die Bestättigung der Wahl Otto's baten.

Otto aber warf sich vor dem Papste auf die Kniee, eröffnete ihm die Art und Weise seiner Erhebung und legte Ring und Stab zu den Füßen desselben nieder, indem er unter vielen Thränen sich einer solchen Würde für unwürdig erklärte und um Verzeihung für sein unüberlegtes Verhalten bat[2]). Nachdem der Papst das Weitere in dieser Sache auf Pfingsten verschoben, entließ er Otto, nachdem er ihm seinen Segen gegeben. Otto begab sich in seine Herberge und bedachte dort bei sich die ganze Nacht und den darauffolgenden Tag die Schwierigkeit der Zeit, die Gefahren, in denen die geistlichen Hirten in Folge des Ungehorsams und des unruhigen Sinnes der Untergebenen sich befänden. Dabei quälte ihn noch immer die Besorgniß, es könnte immerhin noch ein Schatten von Simonie an ihm haften bleiben, da es scheinen könnte, als habe er wegen der Dienste, die er während einer langen Zeit dem Kaiser am Hofe geleistet, von demselben das Bisthum erhalten.

Und so beschloß er nach reiflicher Erwägung, der geistlichen Würde zu entsagen, allen irdischen Vortheil aufzugeben, und sich in das Privatleben zurückzuziehen. Diesen seinen Entschluß theilte er seinen Reisegefährten mit und schickte sich sofort an, auf dem Wege, auf dem er gekommen, zurückzukehren. Schon war Otto bis Sutri geeilt, als ihn Boten des Papstes einholten, die ihn im Namen desselben aufforderten, an den päpstlichen Hof nach Anagnia zurückzukehren. Und dort wurde er durch das Versprechen des Papstes, daß er ihn gegen alle seine Feinde getreulichst be-

---

[1]) Herbord I, 10: Porro viri honorati, qui cum eo erant, data et accepta salute, domnum apostolicum etiam ex parte salutant ecclesiae, subdentes petitionem et vota pro electo. Entweder Otto selbst oder seine Begleiter hatten Empfehlungsbriefe der Bamberger Diöcese an den Papst. Vgl. den Brief Paschal II. an das Bamberger Kapitel bei Herborb I. 11 und den Brief desselben an den Erzbischof Rubhart von Mainz bei Ebbo I, 13.

[2]) Herbord I, 10: (Otto) . . . baculum ponit et anulum ad pedes apostolici, temeritatis vel errati veniam petit.

schützen wolle, bestimmt, die geistliche Würde, die er noch Tags zuvor von sich gewiesen, anzunehmen.

Nachdem ihn der Papst mit Geschenken geehrt, wurde Otto am 13. Mai [1]), am Pfingstfeste, zu Anagnia während der Messe unter dem Beistande einer großen Anzahl von Bischöfen und dem Zudrange des Klerus und des Volkes von dem Papste selbst zum Bischof geweiht.

Nun endlich sah sich Otto am Ziele seines heißesten Wunsches, den er seit seiner Erhebung zum Bisthum im Herzen getragen, über dessen Erfüllung er so lange Unterhandlungen mit dem Papste gepflogen hatte, und ohne daß er dabei ein Opfer gebracht hätte. Denn ohne daß ihm irgend eine Verpflichtung auferlegt worden wäre, ohne daß er sich dem Papste gegenüber durch irgend einen Eid gebunden hätte, hatte Otto von diesem die Weihe erhalten. Dieser Umstand ist für Otto von großem Werth: in einem Briefe, den er sogleich nach seiner Weihe an seine Diöcese schrieb [2]), hebt er gerade diesen Umstand besonders hervor, daß er ohne irgend eine eidliche Verpflichtung dem Papste gegenüber, der noch Niemand entgangen, der von dem Papste persönlich die Weihe erhielt, consecrirt wurde.

Der Papst selbst mochte wohl sehen, was für einen tüchtigen Wächter die Kirche an Otto gewinne, was für einen sorgsamen Hirten seine Diöcese. Er empfiehlt Otto in einem Briefe an die Bamberger [3]), worin er ihnen die Consecration desselben anzeigt, ganz besonders der liebevollen Verehrung derselben, und in einem

---

[1] Ebbo I, 11: Sicque in die sancta pentecostes, quae erat 3. Idus Maii, scilicet in natalicio sancti Gangolfi martiris etc. Vgl. Sollerius in den Act. SS. Jul. tom. I, 361.

[2] Herbord I, 10 u. Ebbo I, 15: ... et quod nulli a Romano pontifice consecrato nostris temporibus contigit, sine obligatione alicuius iuramenti consecratus sum.

[3] Herbord I, 11. Ebbo I, 14. Udalr. Babenb. cod. n. 230. Ussermann, cod. prob. n. 62. Jaffé, Regg. Pontiff. n. 4531 setzt diesen Brief in den Mai.

anderen Briefe der Freundschaft des Erzbischofs Rudhart von Mainz ¹).

Herbord berichtet, nachdem er die Vorgänge vor und während der Consecration Otto's genau erzählt, mit kurzen Worten, Otto sei in seine Diöcese zurückgekehrt. Genauer scheint hier der Bericht Ebbo's zu sein ²), wenn er sagt, daß Otto eine Zeitlang in der Umgebung des Papstes zugebracht, dann nachdem er von demselben die Erlaubniß zur Heimkehr erhalten, nach Kärnthen gereist, von da sich nach Regensburg begeben habe, wo eben Heinrich V. eine Reichsversammlung hielt, und dort sich die Gunst des Königs in hohem Grade erworben habe. Darauf sei er nach Bamberg zurückgekehrt und von Klerus und Volk mit ungeheurem Jubel empfangen worden.

Der von Ebbo angeführte Reichstag Heinrich V. war am 25. Dezember 1106 ³). Otto war dort wohl mehrere Tage: er mag demnach im Anfange des Jahres 1107 nach Bamberg zurückgekommen sein.

Es ist nun die Frage, wo Otto die Zeit vor seiner Weihe dem 13. Mai, bis zu seiner Ankunft in Regensburg zugebracht habe. Daß Otto einige Zeit sich in Kärnthen aufgehalten habe, finden wir leicht begreiflich: dort besaß die Bamberger Diöcese ansehnliche Besitzungen. Wir wissen auch, daß Otto dort ein

---

¹) Ebbo I, 13. Udalr. Babenb. cod. n. 231. Ussermann cod. prob. n. 61. Mansi XX, 1091. Jaffé, Regg. Pontiff. n. 4530. Herbord hat diesen Brief nicht.

²) Ebbo I, 15; Igitur electus Dei pontifex, consecratione sollempni ab apostolico honorifice provectus, aliquantisper ab eo humanitatis gratia est detentus, sicque optata potitus emissione, prospero itineris decursu transcensis Alpibus Karinthiam venit. Ibid. c. 16: Post haec imperator Heinricus universis regni principibus curiale colloquium Ratisponae indixit. Ad quod novus antistes pius Otto occurrens, debiti honoris reverentia susceptus est.

³) Ekkehard ad a. 1107 bei Pertz, Mon. SS. VI, 241: Rex Heinricus natalem Domini Ratisponae celebravit.

Kloster in Arnoldenstein gegründet hat ¹): vielleicht daß er schon damals die Vorbereitungen dazu getroffen. Daß er aber die ganze Zeit von Ende Mai bis Mitte December daselbst gewesen sein sollte, ist nicht wohl anzunehmen. Wir müssen dann wohl auch die andere Notiz Ebbo's gelten lassen, daß Otto dem Wunsche des Papstes nachgebend, einige Zeit in Italien geblieben ist. Man hat, an diese Bemerkung anknüpfend, die Frage aufgeworfen, ob Otto dem Concil von Guastalla beigewohnt hat, oder nicht.

Ussermann, Köpke und Volkmann ²) sind der Ansicht, Otto habe Italien vor dem Concil von Guastalla verlassen, weil sein Name unter den Namen der Bischöfe, die diesem Concil beigewohnt, nicht zu finden sei.

Dagegen läßt sich erinnern, daß das bei Mansi angeführte Protokoll auf das Concil im Lateran vom Jahr 1112 sich bezieht.

Daß Otto dem Concil von Guastalla beigewohnt hat, erhellt aus einem Briefe Paschal II. an den Bischof Gebhard von Constanz ³), worin diesem angezeigt wird, daß dem Erzbischofe von Mainz und allen seinen Suffraganbischöfen wegen ihrer Abwesenheit von dem Concil von Troyes die Ausübung ihres geistlichen Amtes untersagt sei, mit Ausnahme der Bischöfe von Bamberg und Chur, weil sie dem Concil von Guastalla beigewohnt hätten.

Diesem positiven Zeugnisse gegenüber ist es überflüssig, darauf aufmerksam zu machen, daß Otto die Zeit vom Mai bis December 1106 nicht wohl lediglich in Kärnthen zugebracht hat; ebenso

---

¹) Archiv für vaterländische Geschichte und Topographie, herausgegeben von dem Geschichtsverein in Kärnthen. 7. Jahrgang, 1862, p. 56.

²) Ussermann, Episc. Bamb. p. 60. Köpke in Note 52 bei Pertz, Mon. SS. XII, 833. Volkmann p. 27 in Note 9. Sollerius in den Act. SS. Jul. tom. I, 362 läßt Otto dem Concil von Guastalla beiwohnen, ohne jedoch ein positives Zeugniß dafür beizubringen. Vgl. Mansi XX. 1211.

³) Jaffé, Regg. Pontiff. p. 494 n. 4562: (Rothardum) archiepiscopum Moguntinum cum omnibus suffraganeis praeter (Ottonem) Bambergensem et (Udalricum) Curiensem, qui synodo Longobardiae interfuissent, pro concilii absentia ab officiis interdictos. Vgl. dazu Neugart, Cod. dipl. Alam. II, 42.

wenig ist es nöthig, auf das Verhältniß Ekkehard's von Aurach zu Otto Bezug nehmend [1]), daraus seine Anwesenheit auf dem Concil von Guastalla zu erweisen.

III. Reichsverhältnisse bis zum Jahre 1106 und Otto's Beziehungen zu denselben.

Wir wissen nicht, ob dem Kaiser Heinrich IV. die Unterhandlungen bekannt waren, die Otto sogleich nach seiner Erhebung zum Bisthum Bamberg mit dem Papste eingeleitet. Mochte der Kaiser darum wissen oder nicht, vorerst änderte sich in dem Verhältnisse Otto's zu Heinrich IV. nichts. Otto blieb bis Ende Januar 1103 am Hofe des Kaisers und wohnte dem Reichstage zu Mainz bei, auf welchem Heinrich IV. einen allgemeinen Landfrieden auf vier Jahre von den Bischöfen und Fürsten des Reiches beschwören ließ [2]).

Es liegen uns Briefe vor, aus denen wir ersehen können, daß die Zuneigung Heinrich IV. zu Otto dieselbe war, wie zu der Zeit, wo Otto sich in der kaiserlichen Kapelle befand.

In einem Briefe [3]), den der Kaiser kurze Zeit nach der Erhebung Otto's zum Bisthum Bamberg an denselben schrieb, erklärt er diesem, daß er, seit Otto abwesend, noch größere Sorge um sein Wohl trage, als vorher. Nachdem er ihm in allen seinen Angelegenheiten den besten Fortgang gewünscht, Unheil aber von

---

[1]) Ekkehard ad a. 1106 bei Pertz, Mon. SS. VI, 241: Nos vero, i. e. Alpium transcessores, speciali quodam pre cunctis efferebamur tripudio u. s. w. Vgl. Waitz in der Einleitung zur Chronik des Ekkehard bei Pertz, Mon. SS. VI, p. 2, 3 und 8.

[2]) Pertz, Mon. Legg. II, 60 und ff.

[3]) Udalr. Babenb. cod. n. 212. Ussermann, cod. prob. n. 56 setzt diesen Brief in das Jahr 1103. Nos certe absentis tui ampliorem, quam dum affuisti, curam gerimus, eodem quo te proveximus animo cuncta tibi prospera cupientes, adversa etsi non accidant, quia possunt accidere verentes . . . . Si quid autem grave tuis viribus aestimabis, ad nos tibi procul dubio succursuros ex nostri defferas occasione praecepti.

ihm abgewendet wissen will, drückt er seine Freude aus über die ehrenvolle Aufnahme Otto's in seinem Bisthum und über seine bisherige Verhaltungsweise. Er bittet ihn, sowie er angefangen, in seiner Handlungsweise fortzufahren, und sichert ihm in schwierigen Angelegenheiten seinen Rath und seine Hülfe zu.

Der Kaiser läßt es nicht dabei bewenden, mit Worten allein Otto seiner dauernden Freundschaft zu versichern: durch die That gibt er seinen Worten den entsprechenden Nachdruck. In einem Diplom Heinrich IV. vom 15. Juli 1103, ausgestellt zu Lüttich, bestättigt der Kaiser Otto die früheren Besitzungen und Rechte der Bamberger Kirche und fügt den alten neue hinzu [1]).

Es ist wohl seit dieser Zeit bis zur offenen Empörung des jungen Heinrich gegen seinen Vater und noch weiterhin in den Beziehungen Otto's zum Kaiser keine wesentliche Veränderung vorgegangen. Freilich waren auch die Verhältnisse nicht der Art, daß man zwischen zwei sich bekämpfenden Partheien seine Entscheidung hätte treffen müssen. Seit dem Reichstage zu Mainz, wo Heinrich IV. jenen allgemeinen Landfrieden hatte beschwören lassen, herrschte trotz der Aufregungen Paschal II. zum Kampfe wider den Kaiser und trotz des Mißtrauens, das sich allmählich wieder gegen diesen geltend machte, bis zu Ende des Jahres 1103 Ruhe in den deutschen Ländern.

Und auch die Ermordung des Grafen Sighard auf der Reichsversammlung zu Regensburg [2]), mochte sie auch das Mißtrauen gegen den Kaiser steigern und die Zahl seiner Feinde bedeutend vermehren, sie hatte keine weiteren Folgen, als daß sich der Kaiser im Augenblicke den Nachstellungen der mächtigen Verwandten Sighards entziehend, Regensburg verließ und sich an den Rhein begab.

---

[1]) Mon. Boic. XXIX, 218. Uffermann, cod. prob. n. 55. Böhmer, Regg. n. 1969.

[2]) Die Dienstmannen der Fürsten mit den Bürgern von Regensburg vereinigt, hatten den mächtigen Grafen Sighard, weil er ein ungerechtes Urtheil gegen die Dienstmannen des Stiftes Regensburg gefällt, ermordet, ohne daß der Kaiser hindernd dazwischen getreten war. Vgl. Stenzel, Gesch. der fränk. Kaiser I, 582; und A. v. Druffel, Kaiser Heinrich IV. und seine Söhne, p. 22 und ff.

Solange es den Feinden Heinrich IV. an einem Haupte fehlte, konnten sie nicht daran denken, demselben offen gegenüber zu treten. Erst nachdem sie an dem Sohne desselben ein solches gefunden, erst seitdem dieser seinen Vater verlassen und sich an die Spitze der zahlreichen Feinde desselben gestellt hatte [1]: erst da begann von Neuem der Kampf, der nur kurz unterbrochen, fast dreißig Jahre lang Deutschland zerfleischt hatte.

Am meisten mochte der junge Heinrich hiezu durch den Umstand veranlaßt worden sein, daß man ihn fürchten ließ, er werde, wenn er mit der Uebernahme des Reichsregiments bis nach dem Tode seines Vaters warte, leicht desselben verlustig gehen, da ein Anderer jetzt leicht großen Anhang gewinnen könne, wenn er, die Unzufriedenheit der Fürsten benützend, der obersten Gewalt im Reiche sich bemächtige.

Der junge Heinrich begab sich nach Baiern, wo er von den dortigen Großen mit großer Freude aufgenommen wurde, und feierte Weihnachten zu Regensburg [2]. Alle Versuche des Kaisers, den Sohn zur Pflicht zurückzubringen, waren vergeblich; vielmehr trat dieser sogleich mit Paschal II. in Verbindung und wurde von diesem durch seinen Legaten, den Bischof Gebhard von Constanz, in die Gemeinschaft der Kirche aufgenommen.

In der That bewies sich Heinrich V. im Anfange als einen Vertreter der kirchlichen Rechte. Nachdem er durch den Markgrafen Diepold und den Grafen Berengar von Sulzbach die Sachsen gewonnen, begab er sich nach Thüringen, feierte das Osterfest in Queblinburg und kündigte auf den Rath des Erzbischofs Rudhart von Mainz und des Bischofs Gebhard von Constanz eine allgemeine Versammlung von Klerikern und Laien auf Pfingsten nach Nordhausen an. Daselbst wurde die Simonie verdammt und anderes weniger Bedeutendes beigelegt. Denen, die von simonistischen

---

[1] Der offene Uebertritt des jungen Heinrich zu den Feinden des Vaters geschah, während der Kaiser mit seinem Sohne auf einem Zuge gegen einen Grafen Dietrich von Katlenburg begriffen war, zu Fritzlar am 12. Dec. 1104. Vgl. Stenzel I, 584. Vgl. dagegen Druffel, a. a. O. p. 28 und ff. p. 29, Note 3.

[2] 25. Dec. 1104.

Bischöfen ihre Weihe erhalten hatten, wurde, wenn sie sich von katholischen noch einmal weihen ließen, Verzeihung zugesichert. Da unterwarfen sich auch die Bischöfe von Hildesheim, Halberstadt und Paderborn und baten um Lösung ihres Bannes. Heinrich V. selbst hielt sich nicht für würdig, der Versammlung der Knechte Gottes beizuwohnen. Erst auf die Einladung der Bischöfe erschien er in schlechtem Gewande, setzte sich nicht auf den Thron, sondern stellte sich auf einen erhöhten Ort und erneuerte dort Allen nach dem Beschlusse der Fürsten ihre Rechte und Gesetze. Darauf beschwor er bei dem Herrn des Himmels und der himmlischen Heerschaar unter Thränen, daß er keineswegs aus Herrschbegierde die Regierungsgewalt des Vaters sich anmaße, daß er niemals wünsche, daß sein Vater vom Throne gestoßen werde; immer bedaure er dessen Verstocktheit und seinen Ungehorsam gegen die Kirche. Wenn sein Vater sich dem römischen Stuhle unterwerfe, so wolle er vom Throne zurücktreten und ihm fortan ein treuer Unterthan sein[1]). Die ganze Versammlung war des Lobes voll über die Worte des Königs und vergoß Thränen für die Bekehrung des Vaters, wie für das Wohlergehen des Sohnes.

Nachdem der König das Pfingstfest zu Merseburg gefeiert, zog er an den Rhein, um den Erzbischof Rudhart von Mainz daselbst wieder einzusetzen. Diese Absicht Heinrich's verwirklichte sich freilich für dießmal noch nicht. In Mainz befand sich der Kaiser inmitten einer treuen Bürgerschaft, und Pfalzgraf Sigfrid bei Rhein, der dem Könige Schiffe zur Ueberfahrt versprochen hatte, war von dem Kaiser gewonnen worden und stellte die Schiffe diesem zur Verfügung. Nachdem die Fürsten auf beiden Seiten zwischen Vater und Sohn vergeblich Unterhandlungen gepflogen, zog der jüngere Heinrich von Mainz weg gegen Würzburg, vertrieb dort den von dem Kaiser eingesetzten Bischof Erlung und ließ durch den Erzbischof von Mainz den Propst des Würzburger Stifts, Robert einsetzen. Von da zog Heinrich gegen Nürnberg, belagerte es,

---

[1]) Stenzel folgt hier den Hildesheimer Annalen. Ich habe den Bericht des Ekkehard von Aurach wiedergegeben, der der Versammlung beigewohnt hat. Ueber die Zeit der Versammlung und die falsche Chronologie Ekkehard's vgl. Pertz, Mon. SS. VI, 227, Note 12.

konnte es aber nur nach hartnäckiger Vertheibigung und erst nachdem der Kaiser den treuen Bürgern, die von Hunger bedrängt waren, die Uebergabe befohlen hatte, einnehmen. Heinrich IV. zog seinem Sohne nach gegen Wirzburg, vertrieb den Bischof Robert und setzte Erlong wieder ein.

Beide, der Kaiser und der König, zogen darauf nach Baiern, beide hatten von allen Seiten ihre Anhänger aufgeboten, und es schien, als ob es am Flusse Regen, wo sich Vater und Sohn gegenüber standen, zur Entscheidung kommen sollte. Doch wurde noch durch die Treulosigkeit der Fürsten auf Seite des Kaisers und durch die List des Königs ein Zusammenstoß zwischen Vater und Sohn verhindert. Zwei der mächtigsten Anhänger des Kaisers, Herzog Boriwoi von Böhmen und Liutpold von Oestreich, verließen denselben und Heinrich V. wußte durch die trügerische Botschaft, die Fürsten, seine Anhänger, hätten sich gegen ihn verschworen, den Vater zu bewegen, sein Heer zu verlassen und durch Böhmen und Sachsen nach Mainz zu fliehen. Der König, sobald er erfahren, daß sein Vater sich in Mainz befinde, zog sofort dahin, und überall wohin er kam, vertrieb er des Kaisers Anhänger: in Wirzburg ergab sich Erlong der Gnade des Königs und wurde in dessen Kapelle aufgenommen. Es gelang dießmal dem Könige, über den Rhein zu setzen, bevor es der Kaiser hindern konnte; dieser selbst wurde zur Flucht genöthigt, und Rudhart von Mainz endlich in sein Bisthum wieder eingesetzt.

Was soll ich weiter erzählen, wie der Kaiser, der, um die Reichsversammlung, die unter dem Vorsitze der päpstlichen Legaten zu Mainz stattfinden sollte, zu hindern, ein Heer um sich gesammelt, durch die List und Treulosigkeit seines Sohnes hintergangen, allen heiligen Eiden zum Hohn, von diesem auf der Burg Beckelheim gefangen gesetzt und zur Herausgabe der Reichsinsignien gezwungen wurde? Während Heinrich IV. in einsamer Haft, umgeben und bewacht von seinen ärgsten Feinden, das Weihnachtsfest in Beckelheim zubrachte, wurde gegen ihn auf der Reichsversammlung zu Mainz, wo sich die meisten Fürsten eingefunden hatten, von den päpstlichen Legaten der Bannfluch erneuert, und der Kaiser in der Pfalz zu Ingelheim zur Abdankung gezwungen. Nachdem Heinrich V. sich von den Reichsfürsten noch einmal zum König hatte wählen lassen, wurde, um die Aussöhnung mit dem römischen Stuhle vollständig zu machen und zugleich die seit so langer Zeit gestörten Beziehungen zu berathen und festzustellen und überall für das Beste der Kirche zu sorgen, beschlossen, eine Gesandtschaft der ausgezeichnetsten Männer an Geburt, Weisheit und Würde an den Papst zu schicken, die denselben wo möglich veranlassen sollte, selbst nach Deutschland zu kommen.

Was nun weiter folgt, die Flucht Heinrich IV. von Ingelheim nach Köln und Lüttich, seine Aufnahme daselbst, die Niederlagen der königlichen Truppen im Elsaß und in Lothringen schien den Kampf zwischen Vater und Sohn noch einmal heftig erneuern zu wollen; da machte der Tod des Kaisers dem unseligen Bürgerkriege ein Ende.

Es schien nöthig in die Betrachtung der Reichsverhältnisse seit dem Abfalle Heinrich V. etwas näher einzugehen; es muß doch von Bedeutung für uns sein, zu wissen, wie weit sich die Betheiligung Otto's an dem Bürgerkriege, in welchem jeder der Fürsten Partei ergriff, erstreckt hat.

Seit dem offenen Abfall des jungen Heinrich von seinem Vater war es für diesen wie für jenen von Wichtigkeit, sich der Ergebenheit der Reichsfürsten zu versichern. Wir finden es dann ganz begreiflich, wenn sich Vater und Sohn bemühen, der eine, Otto in seiner Treue befestigen, der andere, ihn zum Abfall zu bewegen.

Als der Kaiser, seinem nach Baiern ziehenden Sohne folgend, bei Wirzburg stand, schickte er durch einen seiner Vertrauten einen Brief an Otto[1]), in welchem er ihm erklärt, daß unter den jetzigen Zeitumständen, wer ihm treu sei, seine Treue durch die That beweisen müsse. Er eröffnet ihm, daß er mit zahlreicher Mannschaft nach Wirzburg gekommen und dort seine Anhänger zu erwarten entschlossen sei, um seine Feinde anzugreifen und Nürnberg zu entsetzen. Ihm, einem seiner Treuesten, befiehlt er nicht, nein er bittet ihn, mit so zahlreichem Gefolge als möglich zu ihm zu

---

[1]) Udalr. Babenb. cod. n. 210. Uffermann, cod. prob. n. 58. Dieser Brief ist geschrieben im Juli oder August, während welcher Zeit Heinrich V. Nürnberg belagerte.

stoßen. Dabei läßt es der Kaiser nicht an Bemühungen fehlen, neue Anhänger sich zu erwerben. In demselben Briefe ersucht er Otto, sich der Treue eines, wie es scheint, mächtigen Mannes dadurch versichern zu wollen, daß er demselben ein Lehen, das er von ihm verlangt, gebe. Dafür verspricht ihm der Kaiser, sobald es günstigere Verhältnisse erlauben, ihn und seine Kirche berücksichtigen zu wollen.

Daß auch der junge Heinrich es an Versuchen nicht fehlen ließ, Otto für seine Sache zu gewinnen, dafür haben wir den Beleg in einem zweiten Briefe Heinrich IV. an Otto, nicht lange nach dem ersten Briefe, noch während der Belagerung von Nürnberg geschrieben [1]). Daraus geht hervor, daß Heinrich V. Otto mit Gesandtschaften bedrängte, daß er es an Bitten, Drohungen, Ueberredungskünsten und Schmeicheleien nicht fehlen ließ, um Otto für seine Sache zu gewinnen. Hievon benachrichtigte Otto den Kaiser durch einen Boten und er scheint Bedenken getragen zu haben, geschreckt durch die Drohungen Heinrich V., nach Würzburg zum Kaiser zu kommen. Dagegen ermahnt ihn Heinrich IV., sich nicht durch Drohungen abspenstig machen zu lassen, sondern treu bei ihm auszuharren, indem er ihm zugleich die Versicherung gibt, seiner Hülfe gegen Verfolgungen von Seite der Feinde des Kaisers gewiß zu sein. Er fordert ihn auf nach Würzburg zu kommen, seine Stadt zu befestigen und einen Boten nach Nürnberg zu schicken, um die Bürger daselbst in ihrer Bedrängniß zu trösten.

Wir sehen also, Otto hatte der ersten Einladung des Kaisers, thätigen Antheil an dem Kampfe desselben gegen seinen Sohn zu nehmen, keine Folge geleistet; die Bemühungen Heinrich V., sowie die Drohungen desselben waren es, die ihm als Entschuldigungs-

---

[1]) Udalr. Babenb. cod. n. 211. Uffermann, cod. prob. n. 58: Scimus, quia legationibus filii nostri frequenter fatigaris, sicut nobis per tuum nuncium mandasti. Confidimus autem de tuae bonitatis fide, quod nec precibus nec minis nec persuationibus nec blanditiis unquam acquiescas contrarius inimicis, sed semper fideliter nobiscum permaneas. Quantascunque autem persecutiones ab inimicis nostris sustineas, nullatenus tamen terrearis, sed certus esto, quod te non desereremus, sive in pace sive in periculo, et fiduciam habeas in omnipotente Domino, quod nobiscum cito a praesente liberaberis periculo.

grund dienen konnten. Ob er der zweiten Einladung des Kaisers, zu ihm nach Wirzburg zu kommen, gefolgt, läßt sich nicht ermitteln. Daraus daß Otto mit dem Papste seit dem Jahre 1103 in Unterhandlungen stand, daß er den Anordnungen des päpstlichen Legaten, des Bischofs Gebhard von Constanz, nachgekommen [1]), läßt sich nicht abnehmen, wann Otto die Sache des Kaisers verlassen habe. Otto verstand, wie aus seinem Verhalten in der folgenden Zeit des Investiturstreites hervorgeht, es wohl, den Streit des Kaisers mit dem Papste und den Kampf des Sohnes gegen den Vater wohl auseinander zu halten.

Vielmehr läßt sich geltend machen, daß Otto troß der Bemühungen und Drohungen Heinrich V. ein Anhänger Heinrich IV. geblieben. In einem Briefe an den Papst, Ende des Jahres 1105 oder Anfang 1106 geschrieben, bemerkt Otto, daß seine Diöcese mit Brand und Plünderung schwer heimgesucht wurde [2]. Wie die Verhältnisse aber damals lagen, konnte dergleichen nur von Heinrich V. oder dessen Anhängern verübt worden sein: von Wirzburg aus zog Heinrich IV. nach Bayern, wo er einige Tage am Flusse Regen seinem Sohne gegenüber stand. Wir wissen ferner, daß Heinrich IV. von da, verlassen von den Seinen, in eiligster Flucht durch Böhmen und Sachsen an den Rhein eilte, daß dagegen Heinrich V. mit seinem Heere von Baiern aus nach Thüringen und Sachsen zog; da ist es denn nicht unwahrscheinlich, daß er auf dem Wege dahin die Anhänger seines Vaters mit Verheerung und Plünderung heimgesucht: dieß und die Aufnahme des Königs in die Gemeinschaft der Kirche mag ihn zum Uebertritt

---

[1] Udalr. Babenb. cod. epist. n. 226 .... ante omnia et supra omnia desideramus scire sanctitatem tuam, in omnibus nos paruisse, uti decuit legato tuo, Episcopo videlicet Constantiensi, et summa devotione cuncta, quae per ipsum edocti sumus, partim executos fuisse, partim, si vita detur, exequi velle.

[2] Ebbo I, 10: Si mandas, ut ad te veniamus, opes nostrae licet rapina et igne sint attritae. Diese Stelle paßt wohl nicht auf die Gefangennehmung und Ausplünderung Otto's durch den Grafen Adalbert und seine Befreiung durch hohes Lösegeld, wie man von verschiedenen Seiten angenommen hat.

auf die Seite Heinrich V. vermocht haben [1]). Ende des Jahres 1105 finden wir Otto unter den entschiedensten Anhängern Heinrich V.; er wohnte Weihnachten dieses Jahres jener Reichsversammlung in Mainz bei, wo von den päpstlichen Legaten der Bannfluch gegen Heinrich IV. erneuert, und dieser zur Herausgabe der Reichsinsignien gezwungen wurde. Otto befand sich unter der Zahl der Männer, die von der Reichsversammlung ausgewählt, als Gesandte nach Rom gehen sollten, um den Frieden des Reiches mit der Kirche wiederherzustellen. Das Schicksal dieser Gesandtschaft ist uns bekannt: wie Otto mit den übrigen Gesandten im Thale von Trient gefangen genommen, dann wieder befreit seine Reise nach Rom bewerkstelligt hat, ist an einem andern Orte erzählt worden.

IV. Otto's Beziehungen zum Reiche und zur Kirche bis zum Jahre 1112.

Wenn die päpstliche Parthei geglaubt hatte, mit dem Tode Heinrich IV. habe der Investiturstreit sein Ende erreicht, und Heinrich V. werde ein gefügiges Werkzeug in ihren Händen sein, so konnte sie nur zu bald einsehen, daß sie in einem großen Irrthume befangen gewesen.

Die ersten Handlungen Heinrich V. bewiesen, daß er nicht gesonnen sei, das Investiturrecht aufzugeben: er investirte den Erzbischof Heinrich von Magdeburg, die Bischöfe Ubo von Hildesheim und Reinhard von Halberstadt. Erzbischof Ruthart von Mainz wurde gezwungen, jenen zu weihen, und selbst der Legat des Papstes, Bischof Gebhard von Constanz, mußte sich dem Willen des Königs fügen, so daß er von Paschal II. heftigen Tadel er-

---

[1]) Mit welchem Grunde Jäck angibt, Otto habe der Synode zu Nordhausen beigewohnt, habe ich nicht finden können. Vgl. VIII. Jahresbericht des historischen Vereins zu Bamberg. 1845 p. 11.

fuhr ¹), weil er der Weihe des mit Ring und Stab investirten Erzbischofs Heinrich von Magdeburg beigewohnt hatte. Auch der Papst mochte dem seitherigen Verhalten des Königs nicht unbedingtes Vertrauen beimessen, sondern hielt bald nach dem Tode Heinrich IV. zu Guastalla am 22. Oktober 1106 ein Concil, auf dem neben andern Bestimmungen das Verbot der Laieninvestitur erneuert wurde. Zu diesem Concil hatte der König als Gesandte den Erzbischof Bruno von Trier und den Bischof Reinhard von Halberstadt nebst andern angesehenen Männern abgeordnet, um seinen Gehorsam gegen die Kirche zu versichern und den Papst zu einer Weihnachten in Augsburg zu haltenden Kirchenversammlung einzuladen. In Guastalla waren außer den Gesandten des Königs trotz der besonderen Einladung des Papstes ²) nur sehr wenige deutsche Bischöfe erschienen: Erzbischof Konrad von Salzburg, Gebhard von Trient, Ulrich von Chur und Otto, Bischof von Bamberg ³).

Als Antwort auf die Versicherungen des Königs schickte der Papst demselben die Beschlüsse dieser Kirchenversammlung zu. Der Einladung desselben Folge zu leisten, trug er Bedenken: die geringe Betheiligung der deutschen Bischöfe an der Kirchenversammlung mochte ihm dieß nicht rathsam erscheinen lassen, und Ekkehard mag wohl Recht haben, wenn er bemerkt, es hätten einige aus der Umgebung des Papstes denselben aufmerksam gemacht, wie gefährlich es sein würde, sich nach Deutschland zu begeben, indem die Deutschen nicht leicht das Verbot der Belehnung durch Laienhand annehmen würden, der König jung und heftig und seine Unterwerfung unter das Joch der Kirche unsicher sei. Vergeblich erwartete der König zuerst in Augsburg und dann in Regensburg die Ankunft des Papstes. Vielmehr begab sich dieser, da er sich

---

¹) Neugart, Cod. dipl. Alam. II, 42, n. 832: Pro multis laboribus tuis pepercimus, quod deliqueras. Iterum etiam literis nostris prohibitus consecrationi eius, qui investitus erat, interfuisti.

²) Brief Paschal II. an Rudhart von Mainz im Udalr. Baben. cod. n. 241 und Jaffé, Regg. Pontiff. n. 4527.

³) Ekkehard ad a. 1106 bei Pertz, Mon. SS. VI, 240 und Jaffé, Regg. Pontiff. n. 4562.

auch in Rom nicht mehr sicher glaubte, nach Frankreich, um sich für den bevorstehenden Kampf des Beistandes des Königs Philipp zu versichern.

Die Unterhandlungen, die Heinrich V. durch seine Gesandte mit dem Papste zu Chalons einleiten ließ, blieben ohne Erfolg: der König wollte nichts von seinem Investiturrechte aufgeben, der Papst dagegen erneuerte auf einer neuen Kirchenversammlung zu Troyes im Mai 1107 das Verbot der Laieninvestitur und ließ dem Könige durch dessen Gesandte ein Jahr Frist geben, nach Rom zu kommen, um dort auf einer allgemeinen Kirchenversammlung den Streit zu entscheiden. Von den deutschen Bischöfen scheint Niemand diesem Concil beigewohnt zu haben. Wenigstens belegte der Papst den Erzbischof von Mainz mit allen seinen Suffraganen, ausgenommen die Bischöfe Otto von Bamberg und Ulrich von Chur, die dem Concil von Guastalla beigewohnt, mit dem Interdikt und konnte nur durch die Fürbitte des Erzbischofs von Trier, der Bischöfe Gebhard von Constanz und Otto von Bamberg [1]) und des Abtes von Hirschau bewogen werden, dasselbe wieder aufzuheben.

Heinrich V. hatte gehofft, der Papst würde nach Deutschland kommen, und war ihm bis an die Gränzen Lothringens entgegen gegangen; allein die Unterhandlungen zerschlugen sich, und der Papst kehrte nach Italien zurück.

In dieser ersten Phase des sich nun wieder erneuernden Investiturstreites war es Otto leicht, als treuen Anhänger Heinrich V. sich zu erweisen und zugleich hohe Anerkennung von Seiten des Papstes sich zu erwerben: es lag das in der Natur des Streites, der sich lediglich auf Unterhandlungen beschränkte.

Wie Otto nach seiner Rückkehr aus Italien auf dem Reichstage zu Regensburg, Weihnachten des Jahres 1106, mit Heinrich V. zusammentraf und sich die Gunst desselben in hohem Grade erwarb, ist uns bekannt. Nicht lange nach seiner Rückkehr in seine

---

[1]) Weder Gebhard von Constanz, noch Otto von Bamberg waren auf dem Concil von Troyes. Jaffé, Regg. Pontiff. n. 4562. Guden, II, 8. Hontheim, I, 487. Es sind das also zum Theil schriftliche Fürbitten gewesen. Dann ist das Datum bei Jaffé nicht richtig.

Diöcese finden wir Otto in der Umgebung des Königs: am 2. Mai 1107 war er mit demselben in Mainz ¹), am 25. Mai in Metz ²): es war damals, als Heinrich V. während der Verhandlungen seiner Gesandten mit Paschal II. zu Chalons und während der Kirchenversammlung zu Troyes ³), um dem Orte der Verhandlungen näher zu sein, am Rheine sich aufhielt und an den Gränzen des Reichs die Ankunft des Papstes in Deutschland erwartete. Wie dann der Papst nach Italien zurückkehrte, und Heinrich V., in seiner Erwartung getäuscht gegen den Osten des Reiches sich wandte, da zog auch Otto mit ihm: am 26. Juli 1107 war er bei dem Könige in Goslar ⁴). Es darf dann nicht befremden, wenn Heinrich V. in einem Briefe an Otto ⁵), in welchem er ihn zur Expedition gegen den Grafen Robert von Flandern einladet, ihn seinen liebsten Getreuen nennt und ihm dankbare Anerkennung seiner treuen Dienste verheißt.

Wie großes Ansehen dann Otto bei Paschal II. genossen, dafür spricht ein Brief des Papstes an den Erzbischof Rudhart von Mainz, aus dem wir ersehen, daß dieser die Aufhebung des Interdikts über ihn großentheils der Fürbitte des Bischofs Otto von Bamberg zu danken hatte ⁶). Otto's Verhalten bei seiner Erhebung zum Bisthum Bamberg steht bei Paschal II. in gutem Andenken: wir ersehen dieß aus einem Briefe des Erzbischofs Bruno

---

¹) Guden, II, 6.

²) Hontheim, I, 487.

³) Otto befand sich bei dieser Gesandtschaft an den Papst. Cf. Annali Colon. Max. bei Pertz, Mon. SS. XVII, 746: Rex collectis principibus quam plurimis versus papam tendit .... Legati regis: Bruno Treverensis episcopus, Otto Babenbergensis episcopus ... papam Catalaunis adeunt etc.

⁴) Schaten, I, 667.

⁵) Udalr. Babenb. cod. n. 254. Ussermann, cod. prob. n. 57. Pertz, Mon. Legg. II. 65. Der Feldzug gegen den Grafen Robert von Flandern fällt in den October d. J. 1107. S. Ekkehard z. J. 1107 bei Pertz, Mon. SS. VI, 242.

⁶) Jaffé, Regg. Pontiff. n. 4564.

von Trier ¹), der im Jahre 1109 als Gesandter von Heinrich V. nach Rom geschickt wurde, um mit dem Papste über die Kaiserkrönung zu unterhandeln. Bruno schreibt in diesem Briefe den günstigen Erfolg seiner Gesandtschaft dem guten Andenken Paschal II. an Otto zu. Durch Bruno läßt der Papst ihm seinen apostolischen Gruß entbieten und trägt ihm auf, gemeinschaftlich mit Bruno von Trier die Bischöfe von Eichstädt und von Speier zu weihen. Es ist dann nur ein weiterer lebendiger Ausdruck der Gunst des Papstes gegen Otto, wenn ihm derselbe in einem Diplom den Gebrauch des Pallium und des Kreuzes mit der Fahne von viermal, wie ihn Otto's Vorgänger schon hatten, auf achtmal im Jahre erhöht ²).

Es läßt sich nicht angeben, ob Otto der Einladung des Königs, an der Expedition gegen den Grafen Robert von Flandern Theil zu nehmen, Folge geleistet. Es scheint vielmehr, daß er den König in Goslar oder kurz nachher verließ ³), nach Bamberg zurückkehrte und sich dort jenen kirchlichen Beschäftigungen widmete, von denen seine Biographen erzählen.

Es tritt dann für uns jener Zeitpunkt in den Vordergrund, wo Heinrich V. die im Jahre 1107 abgebrochenen Unterhandlungen mit dem Papste wieder aufnahm. Dieser Zeitpunkt ist der Anfang des Jahres 1109, wo Heinrich Gesandte an den Papst schickte, um mit dem Papste ein freundliches Einvernehmen herzustellen. War es auch nur die Kaiserkrönung, was Heinrich V. zunächst bezweckte: es mußte sofort die Frage über die Investitur in den Vordergrund treten. In diesem Sinne lautete auch die Antwort des Papstes: er erklärte, Heinrich werde eine günstige Aufnahme finden, wenn er sich dem

---

¹) Udalr. Babenb. cod. n. 252. Uffermann, cod. prob. n. 66: Beatitudini vestrae magna hilaritate congratulor, quoniam non absque magno sanctitatis vestrae merito provenire (existimo), memoriam vestri dominum papam tam dulciter retinere.

²) Uffermann, cod. prob. n. 65. Vgl. dazu ibid. n. 34. Das Diplom ist datirt vom 15. April 1111.

³) Vgl. noch Volkmann, p. 31: Sed tempore insequenti discordiae de rebus ad ecclesiam Bambergensem pertinentibus inter regem et Ottonem ortae esse videntur in Bezug auf den Brief in Udalr. Babenb. cod. n. 260. Mit welchem Grunde Volkmann diesen Brief daher bezieht, weiß ich nicht.

römischen Stuhle als katholischer König, als Sohn und Vertheidiger der Kirche bewähren würde. Mit dieser Antwort traf die Gesandtschaft im Frühjahre 1110 in Lüttich bei dem Könige ein. Ueber den Erfolg dieser Gesandtschaft haben wir zwei Briefe an den Bischof Otto; der eine ist von dem Erzbischof Bruno von Trier, worin es dieser geradezu ausspricht, daß der glückliche Erfolg zum großen Theile dem guten Andenken des Papstes an Otto zu verdanken sei. In dem andern Briefe benachrichtigt der König Otto von dem günstigen Verlaufe seiner Unterhandlungen mit dem Papste und ladet ihn ein, bis Mariä-Himmelfahrt 1110 nach Speier zu kommen, um dort zur Theilnahme an dem Römerzuge mit dem Könige sich zu vereinigen [1]). Es erhellt zugleich aus diesem Briefe, daß Otto der Reichsversammlung vom 6. Januar 1110 zu Regensburg, auf welcher der König den Fürsten seine Absicht, nach Italien zu ziehen, eröffnete, nicht beigewohnt. Es war seine Anwesenheit auch nicht erforderlich: jedenfalls hatte Heinrich diese Absicht schon Weihnachten 1109, die er zu Bamberg feierte [2]), und bei dieser Gelegenheit konnte er dieselbe Otto mitgetheilt haben.

Ob Otto mit dem Könige am 16. August in Speier war, ist nicht mit Bestimmtheit anzugeben. Soviel jedoch ist gewiß, daß Otto sich an dem Römerzuge Heinrich V. betheiligt hat [3]): in einem Diplom desselben für das Kloster Camalduli, ausgestellt zu Forum Pompolii am 2. Mai 1111 erscheint Bischof Otto von Bamberg unter denjenigen, durch deren Fürbitte Heinrich V. bewogen wird, an das Kloster Camalduli eine Schenkung zu machen [4]).

---

[1]) **Udalr. Babenb. cod. n. 255. Uffermann**, cod. prob. n. 69 setzt diesen Brief ins Jahr 1116. Vgl. dazu **Pertz**, Mon. Legg. II, 65, wo das Datum dieses Briefes auf den 19. Aug. 1110 verlegt wird. Nach **Böhmer**, Regg. n. 1995 befand sich Heinrich V. am 16. August in Speier. Der Brief ist wohl früher zu datiren.

[2]) **Ekkehard** ad a. 1110 bei **Pertz**, Mon. SS. VI, 243: Rex Heinricus natalem Domini Babenberg celebrans.

[3]) Es ist falsch, aus der Verleihung des Palliums auf Otto's Anwesenheit in Rom zu schließen. Ein früherer Bischof von Bamberg erhielt dasselbe zugeschickt. Vgl. **Udalr. Babenb. cod. n. 203.**

[4]) **Mittarelli**, Annal. Camald. III, 227.

Welchen Antheil Otto bei den Unterhandlungen zwischen Heinrich V. und Paschal II. genommen, wie weit er sich bei den beiderseitigen Verträgen, bei der Gefangennehmung des Papstes und der schließlichen Beendigung des Investiturstreites betheiligt, darüber läßt sich nirgendwie eine Vermuthung aufstellen.

V. Otto in dem Kampfe der Kirche und der Fürsten gegen den Kaiser bis zur Beendigung des Investiturstreites.

So wie die Verhältnisse seit dem Tode Heinrich IV. bis zum Jahre 1111 zwischen Reich und Kirche sich gestaltet hatten, war es Otto leicht, ein treuer Anhänger Heinrich V. zu sein und dabei doch die Anerkennung der päpstlichen Parthei sich zu erwerben. Es hatte zwar einerseits der Pabst auf mehreren Kirchenversammlungen die Bestimmungen früherer Concilien aufrecht erhalten und erneuert, andererseits hatte der König, unbeirrt durch diese Bestimmungen, fortgefahren, Belehnung mit Ring und Stab zu verleihen: es waren jedoch beide Mächte noch nicht zu offenen Feindseligkeiten gegen einander hervorgetreten.

Aber auch nachher, als seit dem Jahre 1112 der Investiturstreit heftiger als je zuvor entbrannte, auch da blieb Otto der Stellung treu, die er seit dem Jahre 1105 zu Heinrich V. eingenommen hatte. Bezeichnend für das Verhältniß Otto's zu Heinrich V. in dem Kampfe desselben mit der Kirche ist der Umstand, daß Otto in einem Briefe an das Bamberger Kapitel [1]), in welchem er diesem seine Consecration anzeigt, besonders hervorhebt, daß er ohne irgend eine Verpflichtung dem Papste gegenüber von demselben die Weihe erhielt: während des ganzen Streites, der sich bald nach der Rückkehr des Kaisers aus Italien gegen den-

---

[1]) Herbord, I, 10 und Ebbo I, 15 .... et quod nulli a Romano pontifice consecrato nostris temporibus contigit, sine obligatione alicuius juramenti consecratus sum.

selben von Seite der kirchlichen Eiferer erhob, finden wir Otto meist in der Umgebung Heinrich V. troß der ungeheuern Anstrengungen der Gegner des Kaisers, ihn zum Abfalle von demselben zu bewegen.

Nach der Rückkehr aus Italien befand sich Otto mit dem Kaiser am 8. August 1111 in Speier[1]) und wohnte der feierlichen Bestattung der Leiche Heinrich IV. bei. Mit kurzen Unterbrechungen finden wir ihn dann wieder im Jahre 1112 öfters in der Umgebung Heinrich V.: am 11. Januar 1112 sprach er[2]), von dem Kaiser als Schiedsrichter in einem Streite zwischen dem Bischof von Halberstadt und dem Kloster von Hersfeld aufgestellt, diesem streitige Besitzungen zu: in solchem Maße genoß Otto das Vertrauen Heinrich V. Am 26. März befand sich Otto in Goslar, am 27. April in Münster, am 16. Juni 1112 in Salzwedel bei dem Kaiser; am 8. August desselben Jahres wohnte er mit demselben einem Reichstage zu Speier bei[3]).

Unterdessen war der Investiturstreit von Neuem in der heftigsten Weise entbrannt. Kaum daß Heinrich V. Italien verlassen hatte, so erhob sich von Seite der streng kirchlichen Parthei eine scharfe Opposition gegen den Papst, die denselben durch beständige Vorwürfe und Drohungen endlich vermochte, den mit dem Kaiser eingegangenen Vertrag für erzwungen und ungültig zu erklären. Auf der Kirchenversammlung im Lateran im März und April 1112 wurde das Privilegium der Investitur, das Paschal II. Heinrich V. gegeben, verworfen, und dieser Beschluß von dem Papste bestätigt. Der Eifer der streng kirchlichen Parthei ging so weit, daß ihr Haupt, der Erzbischof Guido von Vienne als päpstlicher Legat auf einer Synode zu Vienne, 16. Sept. 1112

---

[1]) Schöpflin, Alsat. Diplom. I, 188.
[2]) Wenk, Heff. Landesgesch. III, 65. Böhmer, Regg. n. 2015. Dieser Schiedsspruch Otto's wurde von Lothar III. am 7. Nov. 1134 bestätigt, Wenk II, 83, nachdem vorher eine Synode unter dem Vorsitze des Erzbischofs Adalbert von Mainz am 18. Oft. 1133, der auch Otto beiwohnte, obigen Schiedsspruch bestätigt hatte, Wenk II, 81. Des Papstes Innocenz II Bestätigung erfolgte i. J. 1135, Wenk II, 84.
[3]) Ried, Cod. dipl. Ratisp. I, 171. Mon. Boic. XXIX, 230. Guden, Cod. dipl. I, 390. Hontheim, I, 494.

den Bannstrahl gegen den Kaiser schleuderte, da der Papst selbst nicht zu bewegen war, in dieser Weise gegen Heinrich V. vorzugehen. Uebrigens blieb dieser Bannfluch, der von dem Papste nicht einmal anerkannt wurde [1]), wirkungslos, so lange die Opposition der kirchlichen Eiferer nicht eine Stütze in der weltlichen Macht besaß. Und dafür sorgte der Kaiser selbst. Kurz nach seiner Rückkehr aus Italien hatte er sich durch seine rücksichtslose Strenge gegen einzelne sächsische Großen die Herzen vieler Reichsfürsten entfremdet, und wenn er auch in der ersten Zeit durch sein kräftiges Auftreten jede Auflehnung gegen die kaiserliche Gewalt niederwarf, und der Reichstag zu Mainz [2]), wo fast alle Fürsten erschienen waren, als ein Triumph des Kaisers über seine Feinde angesehen werden kann: seine fortgesetzte Strenge und sein Versuch, die kaiserliche Gewalt auf Kosten der Fürsten zu erheben, waren aber doch nicht geeignet, die Opposition gänzlich niederzuwerfen. Sie wuchs mit jedem Tage, die Fürsten suchten eine Stütze gegen die Macht des Kaisers in ihrer Vereinigung, und der Bann der Wiener Synode wirkte wenigstens insoweit nachtheilig gegen den Kaiser, daß er den Fürsten, geistlichen und weltlichen, einen Vorwand für ihren Abfall von Heinrich V. gab: die mächtigsten geistlichen Fürsten, die Erzbischöfe Friedrich von Köln und Konrad von Salzburg, und selbst der vertraute Freund des Kaisers, sein früherer Kanzler, Erzbischof Adalbert von Mainz, sowie Bischof Reinhard von Halberstadt gehörten zu den Feinden des Kaisers. Wie zur Zeit Heinrich IV. verbanden sich hier geistliche und weltliche Fürsten, beide in gleicher Absicht, die Macht des Kaisers zu schwächen, beide aber andere Beweggründe ihres Abfalles vorschützend.

In demselben Maße, in welchem die Feinde Heinrich V. in Deutschland sich mehrten, in demselben Maße wuchs die Kühnheit der kirchlichen Eiferer. Sie, die vor Kurzem aus Furcht vor dem Kaiser den Bann der Wiener Synode nicht bekannt zu machen gewagt hatten, jetzt erneuerten sie durch den Cardinallegaten

---

[1]) Vgl. die Briefe in Udalr. Babenb. cod. von n. 266 bis n. 273.
[2]) Am 7. Januar 1114. Die Verschwörung war niedergeworfen worden durch den Sieg Hoyers bei Warnstädt am 21. Februar 1113.

Konrad, Bischof von Präneste, auf der Kirchenversammlung zu Beauvais am 6. Dez. 1114 den Bann gegen Heinrich V. Und als nun gar der Feldherr des Kaisers, Graf Hoyer von Mansfeld, am Welfesholze von den verbündeten Fürsten eine Niederlage erlitten, da vollends war des Fluchens gegen den Kaiser kein Ende mehr: auf einer Synode zu Rheims, 28. März 1115, erneuerte Kuno von Präneste den Bannfluch; zum ersten Male auf deutschem Boden verkündete ihn derselbe Legat am 19. April 1115 zu Köln: überall bemühten sich die Feinde Heinrich V., demselben seine Anhänger abwendig zu machen.

Der Kampf der Kirchen- und Fürstengewalt gegen die kaiserliche war nun bereits in ein Stadium eingetreten, wo ein Ende desselben nicht abzusehen war. Noch nie während des ganzen Investiturstreites war mit solcher Erbitterung gekämpft worden. Zumal von Seite der Fürsten war dieselbe bis zu dem Grade gestiegen, daß die Einladungen und Friedensanträge, die der Kaiser vor seinem zweiten Zuge nach Italien zu einer allgemeinen Reichsversammlung in Mainz an die Fürsten ergehen ließ, kein Gehör bei denselben fanden. Kaum erreichte der Kaiser, daß die sächsischen Fürsten die Feindseligkeiten einstellten. Doch unterließen sie dabei nicht, mit geistlichen Waffen Heinrich V. zu bekämpfen: sie riefen den päpstlichen Legaten Dietrich aus Ungarn herbei und dieser verkündete zu Goslar von Neuem den Bann gegen den Kaiser[1]). So kam es, daß sich die meisten deutschen Fürsten zu Fritzlar versammelten, während Heinrich V. vergeblich in Mainz, umgeben von nur wenigen Bischöfen, auf ihre Ankunft wartete. Den Feinden des Kaisers scheint die Verkündigung des Bannes noch nicht feierlich genug gewesen zu sein. Zu diesem Behufe versammelten sich geistliche und weltliche Fürsten, darunter 14 Bischöfe, zu Köln, um den Cardinal Dietrich zu erwarten und durch denselben den Bann erneuern zu lassen. Wiederholt suchte der Kaiser, der sich in Speier befand, durch den Bischof Erlong von Wirzburg, den er nach Köln schickte, Friedensunterhandlungen mit den Fürsten anzuknüpfen. Diese Gesandtschaft hatte für Heinrich V. einen ungünstigen Erfolg: die in Köln versammelten Fürsten wußten

---

[1]) Am 19. April 1115.

den Bischof Erlong zu bewegen, daß auch er von dem Kaiser abfiel und zu ihnen übertrat.

Was Heinrich V. in Deutschland bei den Fürsten und Bischöfen des Reichs zu erreichen vergeblich sich bemühte, das sollten ihm direkte Verhandlungen mit dem Papste selbst ermöglichen. Er wollte seinen Gegnern in Deutschland die Waffe nehmen, mit der sie ihn bisher bekämpft hatten: während seines Zuges nach Italien, den Heinrich V. im Anfange des Jahres 1116 machte, ließ er durch Gesandte mit dem Papste Unterhandlungen anknüpfen und erreichte wenigstens so viel, daß Paschal II. die Bannflüche der Carbinallegaten Kuno von Präneste und Guido von Vienne nicht geradezu bestätigte, sondern sie auf einer Kirchenversammlung aufzuheben beschloß. Doch blieb es nur bei Unterhandlungen: keine der beiden Gewalten wollte etwas von ihrem Rechte aufgeben, keine Parthei traute der andern; wie früher Gregor VII. gegen Heinrich IV., so suchte jetzt Paschal II. die Normannen zum Kriege gegen Heinrich V. zu bewegen: da starb Paschal II. am 21. Januar 1118, und an seine Stelle wählten die Cardinäle eiligst den Bischof Johann von Gaeta unter dem Namen Gelasius II. Da dieser des Kaisers Anerbieten, ihn anerkennen zu wollen, wenn er die mit Paschal II. eingegangenen Verträge zu halten entschlossen sei, zurückwies, so ließ Heinrich V. einen Gegenpapst unter dem Namen Gregor VIII. erwählen. Nun erst [1]) erfolgte von Seite Gelasius II. der Bann gegen den Kaiser und seinen Papst. Heinrich V. aber, nachdem er seinen Papst in Rom eingesetzt und die Reichsverwesung in Italien seiner Gemahlin übergeben, kehrte auf die dringenden Aufforderungen seiner Anhänger nach Deutschland zurück. Dazu mochten ihn wohl am meisten die Verhältnisse, wie sie sich seit seiner Abwesenheit gestaltet hatten, bestimmen: mit weltlichen und geistlichen Waffen bekämpften Fürsten und Bischöfe den Kaiser und seine Anhänger: mit der größten Erbitterung stritten da die sächsischen Fürsten unter ihrem Herzoge Lothar gegen die Herzoge Friedrich von Schwaben und Konrad von Franken. Unter dem Vorsitze des Bischofs Kuno von Präneste erneuerten die deutschen Erzbischöfe

---

1) Zu Capua am 7. April 1118.

und Bischöfe den Bann gegen den Kaiser und seine Anhänger auf den Kirchenversammlungen zu Köln und zu Fritzlar [1]). In Fritzlar ging man so weit, den Kaiser auf einen Reichstag nach Wirzburg vorzuladen und ihn, falls er nicht dort erschiene, des Reiches zu entsetzen. Dieser Beschluß war es, der den Kaiser bestimmte, so schnell als möglich Italien zu verlassen und nach Deutschland zurückzukehren.

Es leuchtet ein, ein derartiges Vorgehen von Seite der Fürsten konnte Heinrich V. nicht zu einem milderen Verfahren bewegen: seine Erbitterung stieg bis zum höchsten Grade und erweckte in eben demselben Maße die seiner Anhänger und seiner Feinde. Es war unter solchen Umständen ein Ende des Streites nicht abzusehen. Erst die Wahl des Erzbischofs Guido von Vienne zum Papste, dessen Entschlossenheit und Kühnheit der Kaiser allzugut kannte, machte Heinrich V. geneigt, auf Friedensverhandlungen mit den Fürsten einzugehen und zu diesem Zwecke auf einer allgemeinen Reichsversammlung zu Tribur ihren Beschwerden Rechenschaft zu geben. Als dann die Fürsten den Papst Calixt II. anerkannten, da erklärte auch Heinrich V. bei der auf den 18. Oktober 1119 angekündigten Kirchenversammlung erscheinen zu wollen.

Zunächst schienen die Unterhandlungen, die der Kaiser erst in Straßburg, dann zwischen Metz und Verdun mit den Gesandten des Papstes pflog, zu einem endlichen Ausgleiche des Investiturstreites führen zu wollen, am 24. Oktober sollte dann der Vertrag, soweit er mit den päpstlichen Gesandten zu Stande gekommen war, zwischen Kaiser und Papst zu Mousson ratificirt werden. Zweideutigkeiten, die man in dem Vertrage zu finden meinte, und Mißtrauen von Seite des Papstes gegen Heinrich V. hinderten die persönliche Zusammenkunft der beiden Häupter der Christenheit. Das Resultat der Verhandlungen, die dann der Papst durch seine Gesandte mit dem Kaiser führen ließ, genügte demselben nicht, und so kam es, daß Calixt II., erzürnt über des Kaisers Verhalten, die Verhandlungen abbrach, auf die Kirchenversammlung nach Rheims zurückkehrte, dort die Verbote gegen die Investitur,

---

[1]) Im Juli 1118.

Simonie und Priesterehe erneuerte und den Bann gegen Heinrich V. und seinen Papst aussprach.

Dieser Schritt des Papstes hatte für Heinrich V. weiter keine Folge, als daß einige Bischöfe, die bisher zum Kaiser gehalten, zur päpstlichen Parthei übertraten. Dagegen söhnten sich Lothar von Sachsen, mehrere andere Fürsten und Erzbischof Friedrich von Köln, denen die Anmaßung des Papstes zu weit ging, mit dem Kaiser aus, und auch Bischof Erlong von Wirzburg hatte sich demselben wieder angeschlossen.

Von Neuem rüstete sich Heinrich V. gegen des Papstes Anhänger, besonders gegen den Erzbischof Adalbert von Mainz, und es hatte den Anschein, als sollte es zu einem heftigen Kampfe kommen: da ließ sich der Kaiser bewegen, auf Unterhandlungen einzugehen und die Schlichtung der Streitigkeiten auf einem in Wirzburg zu haltenden Reichstage den Fürsten beider Partheien zu überlassen. Dieser Reichstag fand Ende September 1121 zu Wirzburg Statt: daselbst wurde der Friede zwischen dem Kaiser und den Fürsten hergestellt; was den Streit um die Investitur betraf, so nahmen die Fürsten den Austrag desselben in ihre Hand und bezüglich des Bannes bestimmt, daß die Bischöfe ohne Gefahr mit dem Kaiser Gemeinschaft haben könnten.

Die Schlüsse dieser Reichsversammlung wurden durch Gesandte dem Papste und den abwesenden bairischen Fürsten mitgetheilt. So war durch die Bemühungen der Fürsten der Friede in dem Reiche wiederhergestellt, und auch der bald darauf erfolgende Conflict wegen der streitigen Wirzburger Bischofswahl, so sehr er Anfangs auch die Veranlassung zu einem neuen Kampfe zwischen dem Kaiser und den Fürsten zu geben schien, er wurde durch Verhandlungen beigelegt.

Wie die Verhältnisse jetzt lagen, konnte auch der Papst nicht daran denken, den Streit um die Investitur noch lange mit Erfolg fortsetzen zu können. Die Gesandten, die ihm die Schlüsse der Wirzburger Reichsversammlung mitzutheilen hatten, mögen ihm wohl versichert haben, daß die Fürsten keineswegs geneigt seien, etwas von den Rechten des Reichs zu opfern oder seiner Ehre etwas zu vergeben. Und auch unter den geistlichen Fürsten war der Papst auf der Kirchenversammlung zu Rheims auf Widerstand gestoßen, als er die Investitur aller geistlichen Lehen, welche seit alten Zeiten von Laien verliehen wurden, verbieten wollte. Solche Umstände machen es erklärlich, daß der Papst nun mit größerer Geneigtheit auf Friedensverhandlungen einging. Zwar versuchte der päpstliche Legat, der Bischof von Ostia, auf der allgemeinen deutschen Kirchenversammlung zu Mainz auch jetzt noch in dem Sinne der früheren Anforderungen Calixtus II. zu wirken; aber an der Festigkeit des Kaisers und der Fürsten, die das Wesentliche des Investiturrechts durchaus nicht aufgeben wollten, scheiterten diese Bemühungen. In dem nun erfolgenden Friedensvertrage zu Mainz kam man im Wesentlichen darin überein, daß die Wahlen der Bischöfe und Aebte in Gegenwart des Kaisers, ohne Bestechung und Gewalt, vor sich gehen sollten. Der Gewählte wird dann von dem Kaiser durch das Scepter mit den fürstlichen Rechten belehnt und erhält darauf die Weihe. Dieser Vertrag, der in Deutschland dem Kaiser, in Italien dem Papste den größern Einfluß verschaffte, erhielt dann die Zustimmung der meisten geistlichen und weltlichen Fürsten und wurde am 23. September 1122 von dem Kaiser und dem bevollmächtigten Legaten des Papstes ratificirt.

Die Fürsten, die bei dem Zustandekommen des Vertrags in Mainz oder Worms nicht anwesend waren, lud der Kaiser auf den 11. November 1122 nach Bamberg ein, um deren Zustimmung zu erhalten. Bald darauf erfolgte auch die Zustimmung des Papstes, und es wurde auf einer großen Kirchenversammlung im Lateran der Friede mit dem Kaiser förmlich bestätigt.

In dem ganzen Verlaufe des so eben geschilderten Investiturstreites war Otto's Haltung dieselbe, wie er sie seit dem Tode Heinrich IV. und nach der Rückkehr Heinrich V. aus Italien im Jahre 1112 beobachtet hatte. Wir haben gesehen, wie er während des Jahres 1112 öfter am kaiserlichen Hoflager sich befand, und wenn er auch durch eine längere Abwesenheit von demselben den Verdacht Heinrich V. erregte, so daß er ihn in Bamberg heimzusuchen beschloß, so haben wir den Grund davon vielmehr in der Sorge Otto's für seine Diöcese und seine Klosterstiftungen [1]), die

---

[1]) Bis zum Jahre 1123 hatte Otto bereits folgende Klöster gegründet: Regensdorf, Michelfeld, Ensdorf, Aurach und Prieflingen. Vgl. Jaffé, Regg. Pontiff. n. 5131. Mon. Boic. XXIV. 10.

damals und nachher seine Zeit in Anspruch nahmen, als in einer Sinnesänderung desselben zu suchen. Das ganze weitere Verhalten Otto's gegenüber dem Gebahren der kirchlichen Eiferer und der Reichsfürsten läßt keinen Zweifel übrig, daß er mit den Schritten derselben nicht einverstanden war: er hielt sich fern von den Synoden, auf denen die Legaten des Papstes den Bann gegen Heinrich V. aussprachen, unbeirrt durch die Drohungen und selbst das Interdikt, das die päpstlichen Legaten über ihn verhängten.

Nach der Kirchenversammlung zu Beauvais schrieb der Erzbischof Friedrich von Köln an Otto einen Brief [1]), worin er ihm den trostlosen Zustand der Kirche mit den schwärzesten Farben schildert und die Schuld davon dem Kaiser zur Last legt. Diesem traurigen Zustande der Kirche abzuhelfen, soll Otto als eine Säule der Kirche durch seine Klugheit sein Möglichstes beitragen. Darauf theilt er Otto die Vorkommnisse der Synode von Beauvais mit: daß der Kaiser, der Bischof von Münster und Graf Hermann von Winzenburg mit dem Banne belegt seien, und daß derselbe auf einer neuen Kirchenversammlung, die am 28. März 1115 Statt finden soll, erneuert werden soll. Es geht aus diesem Briefe hervor, daß der Erzbischof von Köln bereits mehrere Briefe dieser Art an Otto geschrieben hatte [2]); es scheint jedoch, daß Otto auf dieselben keine Antwort gegeben hat. Wir ersehen aber auch, welches Gewicht die Gegner des Kaisers auf die Haltung Otto's in dem Kampfe gegen Heinrich V. legten und wie viel sie von seiner Einsicht erwarteten: der Erzbischof ersucht ihn, mit seiner

---

[1]) Udalr. Babenb. cod. n. 277: Summa intentionis erat, ut prudentiam vestram ad defensionem vel saltem ad liberam deplorationem hujus, quem videtis gravissimi sanctae Ecclesiae casus excitaremus.... Et quem, charissime frater, non moveat, quia omnis Ecclesiastici vigoris autoritas aulicis et Palatinis in quaestum versa est.... Hic nos, qui Ecclesiae Dei per ipsius gratiam columnae sumus, qui navem Petri per hujus seculi procellosos fluctus gubernare debemus; hic, inquam, nos advigilare u. s. w.

[2]) Udalr. Babenb. cod. n. 277.... Quasdam sanctitati vestrae literas jam antea misimus, quas si forte accepistis, de tam longa responsionis vestrae dilatione non parum miramur.

Meinung über die schwebenden Angelegenheiten nicht zurückhalten[1]), sondern ihm zum Wenigsten schriftliche Antwort zukommen lassen zu wollen.

Otto scheint dem Einladungsschreiben des Erzbischofs Friedrich keine Folge geleistet zu haben: er ließ den Brief desselben, wie es scheint, unbeantwortet und wohnte weder der Kirchenversammlung zu Rheims, noch den beiden darauf folgenden zu Köln und Goslar bei.

Dagegen erschien Otto auf der Kirchenversammlung zu Köln[2]). Wollte man daraus auf den Uebertritt Otto's zu den Gegnern des Kaisers schließen, so würde man in einem großen Irrthume befangen sein. Gerade diese Kirchenversammlung zeichnet sich vor allen andern durch ihre Mäßigung aus: während auf den andern Kirchenversammlungen immer und immer wieder der Bann gegen den Kaiser erneuert wurde, finden wir hier nichts davon: diese Mäßigung wird man ohne Anstand dem Einflusse Otto's zuschreiben können. War er doch auch nachher weder durch Drohungen noch durch Interdikt von Seite des Erzbischofs Adalbert von Mainz und des päpstlichen Legaten zu bewegen, den darauf folgenden Kirchenversammlungen zu Köln und Fritzlar beizuwohnen.

Die Abwesenheit von der Kirchenversammlung zu Köln, die im Juli 1118 Statt hatte, zog Otto von Seite des Erzbischofs Adalbert eine heftige Rüge und die Androhung der Suspension zu. Nur durch seine Verwendung, so schreibt der Erzbischof an Otto[3]), sei er

---

[1]) Ibid. . . . Nolite nos longa exspectatione ulterius suspendere, sed de vestra sententia scripto nos certificare.

[2]) December 1115. In Köln vollzog Otto an dem Erzbischof Adalbert von Mainz die Weihe. Er scheint von dem Erzbischof hiezu eingeladen worden zu sein. Vgl. Udalr. Babenb. cod. n. 290 . . . . solum vestrum (Babenbergensium) in meam benedictionem praeelegi Episcopum. Annal. Saxo ad a. 1116 bei Perz: Mon. SS. VI, 752: In natali sti. Stephani Adalbertus, Moguntinus archiepiscopus ab Ottone venerabili Babenbergensi episcopo ordinatur.

[3]) Udalr. Babenb. cod. n. 291 . . . . Sed quia hoc nescio qua praetermissum fuerit negligentia, eadem quidem quae et ceteris eiusdem Concilii neglectoribus, vobis quoque injuncta esset sententia scilicet vel divini officii suspensio vel a communione corporis et sanguinis Dominici formi-

diesem Schicksale entgangen, das alle übrigen Bischöfe getroffen, die dieser Versammlung nicht beigewohnt hätten. In diesem Schreiben benachrichtigt er ihn von dem Banne gegen die Anhänger des Kaisers, die Herzoge Friedrich von Schwaben und Konrad von Franken und den Pfalzgrafen Gottfried und ladet ihn ein, auf einer neuen demnächst zu haltenden Kirchenversammlung zu Fritzlar zu erscheinen.

Die Androhung der Suspension hatte nicht die beabsichtigte Wirkung: sie vermochte Otto nicht, der Versammlung in Fritzlar beizuwohnen oder ihre Beschlüsse zu billigen. Da erfolgte denn die angedrohte Strafe: Otto wurde suspendirt, und der Erzbischof von Mainz theilte dieß in einem Schreiben dem Bamberger Kapitel mit [1]. Darin führt er über die Haltung des Kapitels und des Bischofs heftige Klage und verbietet ihnen bis zur Genugthuung Otto's die Ausübung der geistlichen Pflichten.

Wir sehen, alle Bemühungen der Gegner Heinrich V., Otto von dem Kaiser abzuziehen und ihn für ihre Sache zu gewinnen, waren vergeblich. Vielmehr finden wir ihn, wie im Jahre 1112, so auch später nach den Synoden zu Vienne und Beauvais, und selbst nachdem Gelasius II. und Calixt II. den Bannfluch über den Kaiser ausgesprochen hatten, in der Umgebung Heinrich V., mit Beweisen hoher Gunst von demselben ausgezeichnet. Es mag sein, daß er seit dem August 1112 eine Zeit lang nicht mehr am kaiserlichen Hofe erschienen war, daß er deßhalb das Mißtrauen des Kaisers erweckte, und daß dieser, um Otto auf die Probe zu stellen,

---

danda interdictio, nisi nostrae petitionis diligentia hoc praevenisset et eximia sanctitatis vestrae reverentia, ne id fieret, apud Ecclesiam promeruisset.

[1] Udalr. Babenb. cod. n. 290: Profecto meminisse debetis, quanta privilegia habeatis a Romana ecclesia matre vestra et magistra, quae si vestras vias gradiens, pro inobedientia perderet vester episcopus, sero poeniteret, Episcopali jam officio suspensus .... Nos quoque in partem apostolicae solicitudinis vocati, fungentes tenore vicis nobis delegatae, quia scimus, anathema excommunicatae communionis inter vos esse, interdicimus in omni loco hoc divini officii verbo Domini et judicio Spiritus sancti usque ad satisfactionem vestri Episcopi.

ihn Weihnachten 1113 in Bamberg heimsuchte ¹). Aber Otto beseitigte durch die glänzende Bewirthung des Kaisers und seines zahlreichen Gefolges den Verdacht desselben und scheute nicht den Umgang mit dem gebannten Kaiser, so daß er sich heftigen Tadel von Seite der kirchlichen Eiferer zuzog. Die folgende Zeit bewies, daß dieser Verdacht ungegründet war. Otto befand sich, soweit es die Sorge für seine Diöcese und seine Klosterstiftungen erlaubte, am kaiserlichen Hofe: am 14. April 1114 war er in Worms, im Jahre 1118 in Speier bei Heinrich V.; sein Name findet sich in einer kaiserlichen Urkunde vom Jahre 1120 ²); zum Lohne für seine treuen Dienstleistungen schenkte Heinrich V. im Jahre 1112 der Bamberger Kirche das Schloß Pottenstein ³), im Jahre 1121 die Abtei Weissenburg ⁴) und im Jahre 1121 auf Fürbitte Otto's das Gut Kronach ⁵).

Eine Bestätigung für die dem Kaiser ergebene Gesinnung Otto's haben wir in einem Vorfalle, der während der Friedensverhand= lungen zwischen Kaiser und Fürsten das mühsam zu Stande ge= brachte Einverständniß zwischen denselben zu zerstören drohte: es ist die Wirzburger streitige Bischofswahl vom Jahre 1122. Im December des vorigen Jahres war Bischof Erlong von Wirzburg gestorben, und an seine Stelle wählte der dem Kaiser ergebene Theil des Kapitels auf Veranlassung desselben den jungen Grafen Gebhard von Henneberg, während der andere Theil des Kapitels

---

¹) Ekkehard ad a. 1114 bei Pertz, Mon. SS. VI, 247: Domnus imperator natalem Domini Babenberg cum summa magnificentia copiasaque principum multitudine celebrat; et hoc non simpliciter, quia virum Dei Ottonem inibi episcopum, propter quaedam jam orientia in regno scandala curiam frequentare renuentem, ex parte suspectum habebat. Ipse vero rebus transitoriis pro concordia ecclesiastica non parcens, beneficiis indefessis animositatem regis gloriose devicit. Vgl. Vita Erminoldi I 10, bei Pertz, Mon. SS. XII, 485 und 486.

²) Mon. Boic. XXIX, 233. Martene et Durand, Vett. script. ampliss. coll. I, 643. Guden, Cod. dipl. I, 393.

³) Mon. Boic. XXIX, 230 .... ob fidele servitium Ottonis Babenbergensis episcopi.

⁴) Mon. Boic. XXIX, 240, ... pro fideli servitio Ottonis.

⁵) Mon. Boic. XXIX, 242 .... per interventum Mathildae reginae et Ottonis.

den Diakon Rugger wählte. Jenem verlieh der Kaiser sogleich die
Belehnung mit Ring und Stab; für diesen waren nicht allein die
früheren Gegner Heinrich V., Abalbert von Mainz u. A., sondern
sogar des Kaisers Neffen, Friedrich von Schwaben und dessen
Bruder Konrad. Auch den Bischof Otto von Bamberg suchte
Abalbert von Mainz für Rugger zu gewinnen und lud ihn ein,
gemeinschaftlich mit ihm die Consecration an demselben zu vollziehen. Otto jedoch leistete dieser Einladung keine Folge, und es
hätte ihn jetzt wieder, wie früher schon einmal, das Interdikt des
päpstlichen Legaten getroffen, wenn nicht der Erzbischof durch seine
Verwendung dasselbe mit Mühe abgewendet hätte [1]). Dieß und
der Umstand, daß Otto in kaiserlichen Urkunden neben Gebhard
als Zeugen sich unterschreibt [2]), läßt darauf schließen, daß Otto
für den Candidaten des Kaisers sich entschieden, und somit auch
hier als einen ergebenen Anhänger desselben sich gezeigt hat.

So entschieden Otto das Verfahren der Bischöfe und Fürsten
gegen den Kaiser mißbilligte, so groß seine Ergebenheit gegen denselben stets war: es mußte für ihn doch ein erfreuliches Ereigniß
sein, als Heinrich V. der Kirche und den Fürsten zu einem endlichen Austrage des lange dauernden Streites die Hand bot. Zwar
wissen wir nicht, wie weit er an den Verhandlungen Theil genommen, die seit dem Jahre 1119 zwischen Kaiser und Papst hin und
her gingen. Dagegen hat er in den darauf folgenden Reichsver-
sammlungen, die zu einer Ausgleichung zwischen dem Kaiser und
den Fürsten führen sollten, eine ganz besondere Thätigkeit entwickelt: am 29. September 1121 war er auf der Reichsversammlung zu Wirzburg und genoß hier das Vertrauen beider Partheien
in so hohem Grade, daß er zu der Gesandtschaft auserwählt wurde,
die den auf dieser Versammlung abwesenden bairischen Großen das
Resultat der Verhandlungen mittheilen sollten. Dieß geschah auf

---

[1]) Udalr. Babenb. cod. n. 333: Sed quoniam venire neglexistis, Dominus Cardinalis usque ad satisfactionem a divino officio caeteris consentien-
tibus vos suspendere voluit. Nos autem pro singulari amore et reverentia
vestri, ne quid durius contra vos definiri deberet, vix obtinuimus.

[2]) Schaten, Annal. Paderborn I. 703.

einer Versammlung der bairischen Großen zu Regensburg am 1. November 1121 ¹).

Nicht minder bedeutend war Otto's Antheil an den Verhandlungen, die nach der Herstellung des Friedens zwischen Heinrich V. und den Fürsten zwischen Kaiser und Papst Statt fanden und durch den Vertrag zu Worms das Ende des Investiturstreites herbeiführten. Von den päpstlichen Legaten und dem Erzbischofe Adalbert ²) erhielt Otto besondere Einladungsschreiben zu der am 8. September 1122 zu haltenden deutschen Kirchenversammlung in Mainz. Daselbst wurde der Vertrag festgestellt, wie er dann auf der Reichsversammlung zu Worms von dem Kaiser und den päpstlichen Legaten angenommen wurde. Otto muß bei dem Zustandebringen des Vertrags einen hervorragenden Antheil gehabt haben: es findet sich sein Name unter der Zahl der angesehensten Bischöfe und Fürsten, die von Seite des Kaisers dem Vertrage ihre Zustimmung gaben ³).

Für Otto mag es ein freudiges Ereigniß gewesen sein, daß endlich nach einer so langen Zeit harten Kampfes der Friede zwischen dem Kaiser und den Fürsten und zwischen dem Reiche und der Kirche wiederhergestellt war. Vergleicht man die Bedingungen, unter denen dieser Friede zu Stande kam, mit dem Verhalten Otto's bei seiner Erhebung zum Bisthum Bamberg, so kann man sich der Ueberzeugung nicht verschließen, daß die Art und Weise der Beilegung des Investiturstreites diejenige war, wie sie schon längst im Sinne Otto's gelegen haben mag: dem Kaiser einen hervorragenden Einfluß bei der Wahl vindicirend, fand er es ungerecht, daß dieser den Gewählten mit den Zeichen der geistlichen Würde belehnte: die Investitur mit Ring und Stab hielt er für ein unzweifelhaftes Recht des Papstes oder seiner Stellvertreter. Da-

---

¹) Ekkehard ad a. 1121 bei Pertz, Mon. SS. VI, 258: His ita reverenter pro honestate simul et utilitate regni dispositis, destinati sunt in presenti domnus Otto presul Babenbergensis, dux Heinricus, comes Berengerius, qui haec omnia Noricis principibus, apud Ratisponam kal. Novembr. convocatis intimarent.

²) Udalr. Babenb. cod. n. 304 und 333.

³) Pertz, Mon. Legg. II, 76.

gegen mag es ihm eine Anmaßung der kirchlichen Eiferer geschienen haben, daß diese die Belehnung der mit der geistlichen Würde verbundenen Lehen für den Papst in Anspruch nahmen: wie er nach seiner Erhebung im Jahre 1103 sich von dem Kaiser mit den Besitzungen und Rechten, die der Bamberger Diöcese zustanden, belehnen ließ, so hat er auch nachher, die Belehnung mit den Regalien für ein ausschließliches Recht des Kaisers haltend, aus der Hand desselben neue Lehen angenommen oder sich bestätigen lassen.

Man hätte erwarten sollen, daß mit der Herstellung des Friedens zwischen dem Kaiser und den Fürsten zu Wirzburg im Jahre 1121 und nach der Beendigung des Investiturstreites durch das Wormser Concordat allgemeine Ruhe in Deutschland eingetreten wäre. Dem war nun aber nicht so: der Geist der Unruhe lebte noch fort und machte sich dem Kaiser gegenüber noch in manchen unangenehmen Auftritten geltend. Doch waren dieselben mehr localer Natur, — sie beschränkten sich meist auf Sachsen — und konnten noch weniger, als frühere bedeutendere Ereignisse in dem Verhältnisse Otto's zum Kaiser eine Veränderung hervorbringen. Und doch fanden sich am Hofe Leute[1]), die Otto bei Heinrich V. zu verdächtigen wußten, so daß dieser, wie früher einmal im Jahre 1113, mit zahlreichem Gefolge nach Bamberg kam, um Otto auf die Probe zu stellen. Aber Otto bewies durch sein Verhalten, wie ungegründet dieser Verdacht war, und erwarb sich das Vertrauen Heinrich V. in höherem Grade als vorher.

Es war auf diesem Reichstage, am 25. April 1124, daß Otto dem Kaiser seinen längst gehegten Entschluß eröffnete, nach

---

[1]) Ekkehard ad a. 1124 bei Pertz, Mon. SS. VI, 262: Factus est itaque conventus idem non modicus; nam singularum provinciarum duces aderant, preter predictum Lotharium paucosque sibi consentientes de Saxonia principes. Quibus singulis necessarios sumptus vel ex toto vel ex parte ministrabat venerandus episcopus Otto preter publicum atque constitutum antiquitus imparatoriae maiestati, quod ab aulicis etiam importunius exigebatur, servitium. Ab ipsis denique pater idem notabatur rarius quam ceteri presules palatium visitare; ipse vero monasteriis construendis et restaurandis, elemosinis dispensandis, orationibus invigilandis, caeterisque tam practicae quam theoreticae studiis insudandis sese maluit occupare.

Pommern zu ziehen und den heidnischen Bewohnern daselbst das Evangelium zu verkünden. Dieser Entschluß, zu dem Otto bereits die Bestätigung des Papstes eingeholt hatte, fand von Seiten der anwesenden Reichsfürsten hohe Anerkennung, und auch der Kaiser gab seinem Freunde Otto gerne seine Einwilligung [1]).

Damit entzog sich Otto einige Zeit den Reichsverhältnissen, und erst unter dem Nachfolger Heinrich V., unter Lothar III. ist seine politische Thätigkeit dem Reiche wieder zugewendet.

VI. Otto in seinen Beziehungen zu Lothar III.

Wir haben gesehen, es hatten unter der Regierung Heinrich V. die mißlichsten Verhältnisse obgewaltet: nach einer kurzen Unterbrechung von nur wenigen Jahren war der Kampf der Kirchengewalt gegen den Kaiser um die Investitur, der eine Zeit lang für immer sein Ende erreicht zu haben schien, von Neuem in der heftigsten Weise entbrannt, und auch die Fürsten hatten diese Verlegenheit Heinrich V. zu benützen gewußt und waren ihm überall feindlich entgegengetreten. Wir haben gesehen, wie Otto troß dieser so schwierigen Verhältnisse stets seine Treue gegen Heinrich V. bewahrt und doch bei den Feinden des Kaisers in der höchsten Achtung gestanden hatte. Diese Verhältnisse gestalteten sich unter dem Nachfolger Heinrich V., unter Lothar III. viel günstiger: es ist nicht der Kampf der Kirchengewalt gegen das Kaiserthum, in dem die Regierungsperiode Lothar III. sich bewegt: Lothar hatte bei seiner Erhebung auf den Thron den kühnsten Anforderungen der Kirche entsprochen; er hatte seinem Einflusse bei den geistlichen Wahlen entsagt und auch darin nachgegeben, daß er die Consecration des Gewählten der Belehnung mit den Regalien vorausgehen

---

[1]) Ekkehard ad a. 1124 bei Perß, Mon. SS. VI, 262. Otto hatte von dem Herzoge Boleslaus von Polen eine Einladung hiezu erhalten. Vgl. Uffermann, episc. Bamb. cod. prob. n. 83.

ließ. Ja so weit war er in seiner Ergebenheit gegen die Kirche gegangen, daß er mit dem päpstlichen Legaten Gesandte nach Rom schickte, um seine Wahl von dem Papste bestätigen zu lassen [1]).

Und auch in dem Verhältnisse der Fürsten zu dem Reichsoberhaupte war eine Aenderung eingetreten. Die Fürsten, die während der ganzen Regierungszeit Heinrich V. zu demselben in Opposition gestanden hatten, hatten zumeist die Wahl Lothars zu Stande gebracht und waren somit als Freunde desselben zu betrachten. Dagegen erstanden ihm in den Verwandten Heinrich V., den Hohenstaufen Friedrich und Konrad, gefährliche Gegner, und gerade der Kampf gegen diese erfüllt einen großen Theil der Regierungsperiode Lothar III. In diesem Verhältnisse ist es auch, daß wir die Beziehungen Otto's zu Lothar III. zu betrachten haben.

Noch nicht zwei Monate waren seit Otto's Rückkehr von seiner ersten Missionsreise verflossen, als ihm durch ein Schreiben der Fürsten die Nachricht von dem Tode Heinrich V. mitgetheilt wurde. In diesem Schreiben [2]) gedenken die bei dem Tode Heinrich V. anwesenden Fürsten der Bedrückungen, die Reich und Kirche von dem verstorbenen Kaiser zu erdulden hatten und laden Otto zu der am Bartholomäustage in Mainz vorzunehmenden Königswahl ein, um durch seine Klugheit und Einsicht zur Wahl eines Königs mitzuwirken, der für die Ruhe und Herstellung des Friedens in Reich und Kirche eifrige Fürsorge treffen soll. Darauf theilen sie ihm mit, wie sie für die Zeit der Wahl und vier Wochen darüber hinaus einen allgemeinen Frieden beschlossen hät-

---

[1]) Jaffé, Gesch. d. d. Reichs unter Lothar d. Sachsen p. 38.

[2]) Udalr. Babenb. cod. n. 320: Postquam Dominus Imperator viam universae carnis ingressus est, et nos exequias eius cum justa devotione et reverentia complevimus, ipse ordo rei et temporis qualitas exigere videbatur, ut de statu et pace regni aliquid conferremus, si non abesset prudentiae vestrae consilium, et aliorum principum tanto negotio utile et pernecessarium.

ten, damit die zur Wahl Ziehenden sicher hin und zurück reisen könnten, und tragen ihm auf, für die Aufrechthaltung dieses Friedens in seinem Sprengel Sorge zu tragen.

Wir finden nicht, daß Otto der Wahl Lothars, die am 27. August 1125 in Mainz stattfand, beigewohnt hätte. Dagegen befand sich Otto am 27. November desselben Jahres auf der Reichsversammlung zu Regensburg [1]) und nahm hier Theil an einer Entscheidung der Fürsten, wonach verschiedene Reichslehen, die mit dem Erbe Heinrich V. in den Besitz der Hohenstaufen gekommen waren, diesen abgesprochen und dem Reiche zuerkannt wurden. Da Friedrich diesem Schiedsspruche der Fürsten keine Folge leistete, sondern offene Feindseligkeiten gegen den König begann, so wurde er auf einem Reichstage zu Straßburg [2]) in die Acht erklärt, und auf einem darauf folgenden Reichstage zu Goslar [3]) der Krieg gegen ihn beschlossen.

Die Kriegszüge, die Lothar III. darauf in den Jahren 1126 und 1127 gegen die Hohenstaufen und ihre Anhänger unternahm, hatten nicht den beabsichtigten Erfolg: im Jahre 1126 mußte Lothar unverrichteter Dinge die Gegenden am Rheine, wo er die Hohenstaufen bekämpfen wollte, verlassen, und als er im darauf folgenden Jahre Nürnberg, wo sich die hohenstaufischen Brüder festgesetzt hatten, belagerte, wurde er durch die Uebermacht derselben zur Aufhebung der Belagerung und zur Flucht nach Wirzburg genöthigt. So sehr war Lothars Macht in den Augen der hohenstaufischen Partei gesunken, daß sie am 18. December 1127 zur Wahl eines Gegenkönigs in der Person Konrads schritten. Von diesem Zeitpunkte an nahmen die Ereignisse eine für Lothar günstige Wendung. Auf die Kunde von der Wahl Konrads sprachen die am 25. December 1127 zu Wirzburg um Lothar versammelten geistlichen Fürsten den Bann über den Gegenkönig, seinen

---

[1]) Mon. Boic. XXIX, 248.

[2]) Ende December 1125 und Anfang Januar 1126.

[3]) Ende Januar 1126.

Bruder und seine Anhänger aus. Gleiches that Papst Honorius II. am 22. April 1128. Und auch das Kriegsglück entschied sich zu Gunsten Lothars: Mitte des Jahres 1128 mußte sich Speier, eine Hauptstütze der Hohenstaufen, Lothar unterwerfen, und als es wieder zu den Hohenstaufen abgefallen war, wurde es von Neuem im Jahre 1130 zur Uebergabe gezwungen. Gleiches Schicksal erlitt in demselben Jahre Nürnberg. Und als dann nach einer Unterbrechung von vier Jahren von Neuem der Kampf gegen Konrad und seine Anhänger unternommen wurde, sahen sich die hohenstaufischen Brüder nach wiederholten Niederlagen zur Unterwerfung genöthigt: am 17. März 1135 unterwarf sich Friedrich auf der Reichsversammlung zu Bamberg und am 29. September desselben Jahres Konrad zu Mühlhausen dem Kaiser.

Hatte Otto unter so schwierigen Verhältnissen, wie sie unter Heinrich V. obgewaltet hatten, dem Reichsoberhaupte beständige Treue bewahrt, so war dieß um so mehr der Fall jetzt unter Lothar III., wo Kirchen- und Reichsgewalt mit einander im Bunde in den hohenstaufischen Brüdern ihren gemeinschaftlichen Gegner bekämpften.

Wie Otto von Anfang an für Lothar und gegen die hohenstaufischen Brüder sich entschieden, haben wir gesehen: er hatte Theil genommen an dem Beschlusse der Reichsversammlung zu Regensburg, auf welcher die Reichsfürsten auf Lothars Veranlassung verschiedene Reichsgüter, die mit dem Erbe Heinrich V. in ihren Besitz gekommen waren, dem Reiche zusprachen. In diesem Sinne finden wir auch das ganze weitere Verhältniß Otto's zu Lothar. Zwar an dem Kampfe, der sich über den Schiedsspruch der Regensburger Reichsversammlung zwischen dem König und den Hohenstaufen erhob, scheint Otto keinen thätigen Antheil genommen zu haben. Seit der erwähnten Reichsversammlung war er meist mit kirchlichen Angelegenheiten beschäftigt: am 20. Januar 1126 schenkte er in Bamberg dem Abte Balbewin vom Kloster Banz die Burg Steglitz [1]); am 25. Mai desselben Jahres war er

---

[1]) Lang, Regg. 125.

anwesend auf einer Synode in Bamberg [1]); am 22. Juli und 30. November 1126 weihte er verschiedene Kirchen [2]) und den größten Theil des Jahres 1127 füllt eine zweite Missionsreise aus: am 31. März 1127 trat Otto seine zweite Missionsreise nach Pommern an und kehrte erst am 20. December desselben Jahres zurück [3]).

Dagegen hatte die Bamberger Diöcese, während Otto in Pommern sich befand, für die Anhänglichkeit ihres Oberhirten an Lothar, schwere Leiden erfahren. Von Nürnberg aus, wo sich die hohenstaufischen Brüder im Jahre 1127 festgesetzt hatten, verwüsteten die Anhänger derselben fast ein ganzes Jahr hindurch das benachbarte Gebiet der Bamberger Diöcese auf eine furchtbare Weise und als dann Lothar nach einer vergeblichen Belagerung von Nürnberg durch die Uebermacht der Gegner sich zum eiligen Rückzuge über Bamberg nach Wirzburg genöthigt sah, folgten ihm die hohenstaufischen Brüder nach und suchten sich der Stadt Bamberg durch einen Ueberfall zu bemächtigen [4]). Nur durch die umsichtige Thätigkeit des Abtes Wigand von Theres entging die Stadt dem ihr zugedachten Schicksale.

---

[1]) Ludewig, Script. rer. episc. Bamb. I, 1122 u. ff.

[2]) Mon. Boic. XIII, 26 u. 27.

[3]) Ussermann, Episc. Bamb. p. 84 Jaffé, Gesch. b. deutsch. Reichs unter Lothar b. Sachsen, p. 268, Note 8.

[4]) Brief des Abtes Wigand von Theres an Otto bei Ussermann, Episc. Bamb. cod. prob. n. 85:, Nolumus ergo vos ignorare pater sanctissime, quia ex quo recessistis, semper imminebat nobis dies angustiae et tribulationis. Tyrannus enim Conradus toto pene anno in castello Nurnbergensi moratus bona episcopatus sibi vicina devastavit, de redditibus vestris frumentum ex parte abstulit, censum sibi persolvi statuit, villicum de Rustall bis captivatum omnibus rubus suis dispoliavit: Insuper urbem Babenberg callida machinatione, ut fertur, apprehendere studuit, sed Deo gratias iniquitas eius nequaquam praevaluit.

So betrübend diese Nachrichten, von denen er durch den Abt Wigand von Theres Mittheilung erhielt, Otto auch treffen mochten, in seinem Verhältniß zu Lothar änderte dieß nichts. Freilich an den Beschlüssen der Reichsversammlung zu Wirzburg, auf welcher von den daselbst versammelten Erzbischöfen und Bischöfen der Bann gegen den Gegenkönig, seinen Bruder Friedrich und seine Anhänger ausgesprochen wurde, hat Otto keinen Antheil genommen. Dagegen beweist die ganze folgende Zeit in dem Kampfe mit den Hohenstaufen, daß er trotz der hohenstaufischen Sympathien, die in dem Bamberger Kapitel vorhanden waren, stets der Sache Lothars ergeben gewesen [1]). Und auch die Aufreizungen des Erzbischofs Adalbert von Mainz über die eigenmächtige Handlungsweise Lothars in der Besetzung des Bisthums Basel [2]), sie waren nicht im Stande, Otto in seiner Treue wankend zu machen. Wir finden ihn häufig am Hoflager Lothars: am 1. Juni 1129 befand er sich in Stockach, am 13. Juli desselben Jahres in Wörd, im Jahre 1130 in Regensburg, am 23 Oktober 1133 in Mainz, am 6. Juni 1134 in Merseburg an dem Hoflager Lothars; am 17. März wohnte er in Bamberg der Reichsversammlung bei, auf welcher der Hohenstaufe Friedrich vor Lothar erschien und sich demselben unterwarf. Da ist es wohl erklärlich, wenn Otto wegen seiner Treue wiederholte Gunstbezeugungen von Lothar erfährt: am 18. August 1127 bestätigte Lothar der Bamberger Kirche den Ort Schambach mit allen Rechten, wie sie dieselben von Heinrich II. erhalten hatte [3]); am 23. Oktober 1133 schenkte

---

[1]) Udalr. Babenb. cod. n. 337: Excommunicationem, quam communicato fratrum et principum consilio in invasorem regni fecimus, jam dudum fraternitati vestrae per litteras nostras significavimus. Sed quia dubitamus, utrum ad vos pervenerint litterae, audivimus enim, quod ecclesia vestra velit eas ignorare, mittimus iterum presentes apices. Auch bei Ussermann, Episc. Bamb. cod. prob. n. 86 befindet sich dieser Brief.

[2]) Udalr. Babenb. cod. n. 366.

[3]) Schultes, Histor. Schriften, p. 33.

Lothar der Bamberger Kirche die Abtei Mönchsmünster auf Bitten seines geliebten Bischofs Otto von Bamberg und erneuerte diese Schenkung am 6. Juni 1134 zu Merseburg, wiederum auf Bitten seines getreuesten Bischofs Otto von Bamberg [1]); am 16. August 1136 schenkte Lothar vor seinem Zuge nach Italien zu Wirzburg seinem geliebtesten Otto für seine Verdienste um die Bekehrung der Pommern den Tribut von vier slavischen Provinzen [2]).

Ein anderes Ereigniß, das noch in die Zeit des Kampfes mit den Hohenstaufen fällt, zeigt uns, welch hohes Ansehen Otto nicht allein bei Lothar, sondern auch bei den Fürsten des Reiches und dem Stellvertreter des Papstes in Deutschland genoß.

Als nach dem Tode des Papstes Honorius II. [3]) ein Theil der Karbinäle Innocenz II., der andere Theil Anaklet II. gewählt hatte, berief Lothar auf den Oktober 1130 eine Reichsversammlung nach Wirzburg, um für den einen der beiden Gewählten eine Entscheidung zu treffen. Zu dieser Versammlung erhielt Otto ein Einladungsschreiben des Erzbischofs Walther von Ravenna [4]), in welchem dieser ihm mittheilt, daß er als Legat des Papstes Innocenz II. an den König geschickt worden sei, um dessen Anerkennung

---

[1]) Mon. Boic. XXIX, 259 . . . rogatu delectissimi nostri Ottonis Babenbergensis episcopi. Und ibid. p. 262: . . . rogatu dilectissimae conjugis nostrae Richizae et fidelissimi nostri Ottonis Bambergensis episcopi.

[2]) Mon. Boic. XXIX, 267 . . . dilectissimo nostro Ottoni.

[3]) Honorius II. starb am 14. Februar 1130.

[4]) Udalr. Babenb. cod. n. 348: Fraternitati vestrae notum esse credimus, quod Dominus noster Papa Innocentius, cum literis suis misit nos ad Regem' et ad regni Principes, qui cum amore et honore nos recepit, sed responsionem suam ad consilium principum distulit, inter quos fraternitatem vestrum primum, aut inter primos pro servitio ecclesiae ad curiam festinasse credimus, quippe quem inter reliquos Episcopos regni Teutonici mater nostra Romana ecclesia quadam praerogativa dilexit, et tanquam specialem filium creans propriis manibus benedixit.

zu erwirken. Da nun aber der König seine Antwort bis zu einer Berathung mit den Fürsten verschoben habe, so ersuche er ihn, den die römische Kirche immer mit einer besonderen Auszeichnung behandelt und als ihren Sohn mit eigenen Händen geweiht habe, jeden Grund zur Entschuldigung hintanzusetzen und baldigst bei ihm erscheinen zu wollen und in einer so wichtigen Angelegenheit der Kirche seinen Rath nicht zu entziehen.

Man scheint die Entscheidung in dieser höchst wichtigen Sache auf die Ankunft Otto's verschoben zu haben. Als er dann nicht erschien, richteten der Erzbischof Konrad von Salzburg und der Bischof Ekbert von Münster ein gemeinschaftliches Einladungsschreiben an Otto, das in ähnlichem Sinne wie das Schreiben des Cardinallegaten den Bischof Otto auf das Unheil dieser zwiespältigen Papstwahl aufmerksam macht und seine Anwesenheit in einer so wichtigen Entscheidung als höchst nothwendig bezeichnet [1]). Darauf bitten ihn die beiden Bischöfe inständig, ohne irgend welche Entschuldigung gemeinschaftlich mit ihnen für das Wohl der Kirche arbeiten zu wollen, zumal alle Fürsten seiner Ankunft mit Sehnsucht entgegensehen.

Als auch jetzt Otto nicht erschien, sondern seine Abwesenheit von der Reichsversammlung durch Krankheit entschuldigen ließ, da versuchte es zuletzt noch Lothar selbst, ihn wo möglich zur Theilnahme an den Berathungen der Fürsten zu bewegen [2]). Er be-

---

[1]) Udalr. Babenb. cod. n. 347: Convenientibus ad curiam pro destruenda, quae regnum invasit, calamitate, eiusdem regni principibus, miramur et satis dolemus, vestrum non adesse praesentiam, cum in hoc negotio nemo posset nobis magis esse necessarius . . . . Obnixe itaque debita dilectione dignitatem vestram monemus et rogamus, ut remota penitus omni occassione vel excusatione adhuc tentetis venire, scientes omnes principes desiderare praesentiam vestram et expectare.

[2]) Udalr. Babenb. cod. n. 349: Propter instans et valde necessarium ecclesiae et regni negocium Wirzburch gratia Spiritus sancti tractandum, de infirmitate tua, quae adventum tuum ad nos tardavit, dolemus, quia prudentiae tuae discretione ac consilio ad opus ecclesiae et regni

dauert Otto's Krankheit, die ihn hindere, an einem so nothwendigen und höchst dringenden Reichsgeschäfte Antheil zu nehmen. Von so großer Bedeutung scheint ihm der Gegenstand der Berathung, und von solchem Belang hält er Otto's Anwesenheit bei derselben, daß er ihn ersucht, die Reise von Bamberg nach Wirzburg auf dem weniger beschwerlichen Wege zu Schiffe zurückzulegen.

Und wenn wir sehen, daß Otto trotz dieser dringenden Einladungen an den Verhandlungen der Wirzburger Reichsversammlung keinen Antheil genommen, so haben wir den Grund hievon nur in dem vorgerückten Alter Otto's und in seiner geschwächten Gesundheit zu suchen, die ihn hinderten, während Lothars Regierungszeit den Reichsverhältnissen in ähnlicher Weise seine Thätigkeit zu widmen, wie vorher unter Heinrich V. Weder hat er an dem Kampfe gegen die Hohenstaufen einen thätigen Antheil genommen, noch hat er Lothar auf einem seiner Römerzüge begleitet, wie er das doch früher einmal unter Heinrich V. gethan, noch weniger hat er in andern untergeordneteren Verhältnissen des Reiches irgendwie sich thätig gezeigt. Es ist wohl vorgekommen, daß nach dem Tode des Bischofs Rugger von Wirzburg der von einer Parthei des Kapitels gewählte und einige Zeitlang von Lothar und dem Erzbischof Adalbert von Mainz unterstützte Gebhard von Henneberg [1]), in seinen Hoffnungen getäuscht, sich an

---

potissimum nunc indigemus. Verum quia virtus in infirmitate perficitur, in ea caritate, quam ecclesiae, pro qua Dei gratia semper devote laborasti, debes, commonemus te et quam intime rogamus, ut si alio vehiculo non possis, navigio saltem ad nos et ad conventum venerabilium confratrum et coepiscoporum tuorum Wirzburg una nobiscum adventum tuum desiderabilem praestolantium venire properes.

[1]) Udalr. Babenb. cod. n. 335 : ... Tot itaque et tantis oppressus imo conculcatus injuriis omnium provolvor genibus, miserabili super calumniis meis conquestione, ut fraterna me dignari velint compassione. Ueber diese Wirzburger Bischofswahl haben wir noch einen Brief des Erzbischofs Adalbert von Mainz an Otto. Vgl. im Udalr. Babenb. cod. n. 322. Darin wird Otto zu einer Synode eingeladen, auf welcher die Sache entschieden werden soll.

Otto wendet, ihm den Sachverhalt umständlich erzählt und um seine mitleidvolle Theilnahme bittet. Ober es hat der Bischof Otto von Halberstadt, in beständigem Streit mit seinem Kapitel, gegen das selbst die Befehle des Mainzer Erzbischofs machtlos verhallen, zu der mitleibigen und milbthätigen Hülfeleistung des Bischofs Otto von Bamberg seine Zuflucht genommen und ihn für den Fall, daß seine Streitsache vor eine Synode gebracht werden sollte, um seine Anwesenheit bei derselben gebeten [1]). Ober auch daß der Bischof Hermann von Augsburg, dessen Stadt im Jahre 1132 den König vor seinem ersten Römerzuge durch ihre hohenstaufische Gesinnung gereizt, und die der Zorn Lothars mit fast völliger Zerstörung getroffen hatte, unsern Bischof Otto in Mitleidenschaft zieht und durch seinen Rath und seine Einsicht Hülfe erhalten will [2]): wir finden nirgends, daß er diesen Verhältnissen gegenüber irgend welche Thätigkeit entwickelt hätte.

Es war vorzugsweise eine kirchliche Thätigkeit, die Otto in diesen letzten Jahren seines Lebens in Anspruch nahm [3]): der

---

[1]) **Udalr. Babenb. cod. n. 334**.... Proin rogamus, quatenus literas vestras ad Metropolitanum dirigatis, et ut in causa nostra diligens esse velit causa vestri efflagitetis. Rogamus quoque, ut ubicunque concilium pro hujus rei discussione convocetur, vos adesse velitis. Auch in dieser Angelegenheit haben wir noch einen Brief des Erzbischofs Abalbert von Mainz an Otto, im Udalr. Babenb. cod. n. 362;... Sed quia prudentia vestra in negotio hoc nullo modo possumus carere, rogamus vos et rogando auctoritate nostra injungimus, quatenus proxima Dominica post Ascensionem N. nobiscum ad diffiniendam hanc discordiam velitis adesse.

[2]) **Udalr. Babenb. cod. n. 359**:... Propterea nos cum universo clero et populo civitatis nostrae precamur per Christum et in Christo misericordiam veneranda paternitatis vestrae, ut doloribus nostris clementer condoleatis et lamentabilem ecclesiae nostrae ruinam consilio et auxilio infatigabiliter fulcientes, murum inexpugnabilem pro domo Israel nos ponere solito more vestro satagatis.

[3]) Zu erwähnen ist hier noch die Anwesenheit Otto's auf einer Synode zu Mainz im Jahre 1131, auf welcher in Anwesenheit Lothar's unter dem Vorsitze des Bischofs Matthäus von Alba und des Erzbischofs Abalbert von

Gründung neuer Klöster, der Erneuerung von alten hatte er schon mitten in den Wirren des Reiches unter Heinrich V. große Sorgfalt zugewendet. In noch höherem Maße war dies der Fall unter Lothar III. und Konrad III., wo das vorgerückte Alter und körperliche Schwäche einer politischen Thätigkeit hindernd im Wege standen. Bald da, bald dort finden wir ihn thätig, sei es daß er einem von ihm bereits gegründeten Kloster neue Besitzungen erwirbt oder die vorhandenen Besitzungen arrondirt; sei es daß er an den von ihm gestifteten Kirchen die Weihe vollzieht, sei es daß er für seine kirchlichen Stiftungen die Bestätigung des Papstes einholt. Doch was hierauf Bezug hat, liegt außer dem Bereiche der hier vorgesteckten Aufgabe und soll an einem andern Orte eine eingehende Behandlung finden.

Hier soll nur noch eine Thatsache erwähnt werden, die außerhalb der Gränze der Bamberger Diöcese liegend, fast die ganze Geistlichkeit Deutschlands in Anspruch nahm, und an der Otto einen hervorragenden Antheil hatte. Ich meine den Streit der Abtei Hersfeld mit dem Halberstädter Bisthum.

Bereits Heinrich V. hatte diesen Streit um einige Besitzungen nach dem Schiedsspruche des Bischofs Otto von Bamberg vom 11. Januar 1112 zu Gunsten der Abtei Hersfeld entschieden. Damit scheint aber dieser Streit sein Ende nicht gefunden zu haben. Denn unter Lothar gab er Veranlassung zu einer Synode zu Mainz am 18. Oktober 1133, auf welcher unter dem Vorsitze des Erzbischofs Adalbert von Mainz und dem Beisitze mehrerer Bischöfe, unter diesen Otto, der frühere Schiedsspruch Otto's erneuert wurde. Diesen Spruch der Mainzer Synode bestätigte Lothar am 7. November 1134 zu Fulda, und von Seite des Papstes Innocenz II. erfolgte die Bestätigung im Jahre 1135 [1]).

Noch geringer als unter Lothar III. war Otto's politische

Mainz der Bischof Bruno von Straßburg sein Bisthum in die Hände des Erzbischofs von Mainz und des Bischofs von Alba niederlegte. Vgl. Dodechin ad a. 1131.

[1]) Wenk, Hessische Landesgesch. II, Abth. 2, p. 81, 83 u. 84.

Thätigkeit unter Konrad III. An der Wahl desselben hatte Otto keinen Antheil genommen. Dagegen befand er sich auf der feierlichen Reichsversammlung in Bamberg am 22. Mai 1138 ¹), wo die meisten geistlichen und weltlichen Fürsten des Reichs zur Anerkennung Konrad's sich eingefunden hatten. Auf derselben wurde Adalbert II. förmlich zum Erzbischof von Mainz gewählt und erhielt am 29. Mai von Bischof Otto von Bamberg die Weihe ²).

Es war dieß der letzte Akt von Otto's politischer Thätigkeit. Die kurze Zeit unter Konrad III., die Otto noch durchlebte, füllt der Kampf des Königs mit Heinrich dem Stolzen aus. Daß er an diesem keinen Antheil genommen, steht außer allem Zweifel, sowie daß er seit der Anerkennung Konrads demselben eine treue Gesinnung bewahrte. Nach einigen Akten kirchlicher Thätigkeit wurde er durch den Tod einem langen, thatenreichen Leben entrückt. Otto starb am 30. Juni 1139 und wurde in der St. Michaelskirche feierlich beigesetzt ³).

Ueberblickt man das Leben Otto's nach seinen Beziehungen zu den Reichsverhältnissen, so ergibt sich folgendes Resultat: Trotz der bei Otto feststehenden Ansicht, daß die Investitur mit Ring und Stab ein unzweifelhaftes Recht der Kirche sei, hat er die Pflichten eines Reichsfürsten nie vergessen, sondern diesen alle andern Rücksichten untergeordnet. Wie er trotz des Bannfluches, der auf Heinrich IV. lastete, demselben ein treuer Freund geblieben, bis er gezwungen wurde, auf die Seite des Sohnes überzutreten, haben wir gesehen. Nachdem er sich diesem einmal angeschlossen hatte, blieb er demselben ein treuer Anhänger bis zu dessen Tode trotz der Bannflüche der Synoden und des Papstes, trotz der häufigen Aufforderungen und angedrohten Gewaltmaßregeln von Seite der kirchlichen Eiferer: dabei hat er wohl auch, wo die Gelegen-

---

¹) Mon. Boic. XII, 833.
²) Dodechin ad a. 1138.
³) Herbord, III, 33 u. 35. Necrolog. sti. Michaelis bei Schannat, Vind. litt. II, 53. Annal. Babenb. bei Perz, Mon. SS. X, 4 und Notae sepulcr. Babenb. bei Perz, Mon SS. XVII, 641.

heit sich bot, die Rolle eines Vermittlers gespielt. Aehnlich war auch sein Verhältniß zu Lothar III. und Konrad III., zu denen er wohl früher, so lange sie nur Reichsfürsten waren, in gegnerischen Beziehungen gestanden hatte. Es hat selten einen Reichsfürsten gegeben, der in gleicher Weise wie Otto, in dem Reichsoberhaupte den Vertreter der Reichsinteressen erblickend, mit demselben gegen jeden Widersacher desselben stand, und dann, wenn der frühere Widersacher des Reichsoberhauptes den deutschen Thron einnahm, diesem wie dem Vorgänger gleiche Treue bezeugte.

Beilage.

Jahr.	Monat u. Tag.	
1102	21. Dezember.	Otto wird von Heinrich IV. in Mainz zum Bischof von Bamberg erhoben.
1103	6. Januar.	Otto auf dem Reichstage zu Mainz.
"	1. Februar.	Otto in Ampherbach an der Gränze der Bamberger Diöcese.
"	15. Juli.	Bestätigt Heinrich IV. in Lüttich der Bamberger Kirche ihre Besitzungen. M. B. XXIX, p. 218.
1105	25. Dezember.	Otto auf der Reichsversammlung in Mainz bei Heinrich V. Ekkeh. ad a. 1106.
1106	5. Mai.	Otto in Anagnia bei Paschal II. Herbord I. 10.
"	13. Mai.	Wird Otto von Paschal II. in Anagnia geweiht. Ebbo I, 11.
"	22. Oktober.	Otto auf dem Concil von Guastalla. Jaffé, Regg. Pontiff. n. 4562.
"	25. Dezember.	Otto auf dem Reichstage zu Regensburg. Ebbo, I, 16.
1107	2. März.	Otto in Mainz bei Heinrich V. Hontheim, I, 485.
"	2. Mai.	" " " " " " Hontheim, 1, 486. Guden, II, 8.
"	25. "	Otto in Metz bei Heinrich V. Hontheim I, 487.
"	26. Juli.	Otto in Goslar bei Heinrich V. Schaten, I, 667. Wenk, II, 56.
1109	25. Juli.	Otto weiht die St. Jakobskirche in Bamberg. Ussermann, p. 63. Pertz, XVII, 637.
"	14. April.	Paschal II. bestätigt der Bamberger Kirche das Kloster Weissenohe. Userm. cod. p. 64.
1110	Ohne Tag.	Otto in Worms. Schannat, Hist. Wormat. cod. prob. p. 62.
"	" "	Weiht Otto die Capelle der heil. Margaretha. Mon. Boic. XII, 331.
1111	15. April.	Verleiht Paschal II. Otto den Gebrauch des Palliums. Usserm. c. p. n. 65.
"	2. Mai.	Otto juxta forum Pompolii bei Heinrich V. Mittarelli. Ann. Camald. III, 227.

Jahr.	Monat u. Tag.	
1111	8. August.	Otto in Speier beim Kaiser. Schöpflin, Als. Dipl. I, 188.
1112	11. Januar.	Otto beim Kaiser in Merseburg. Wenk, II, 83 u. III, 65. Böhmer, n. 2015.
„	26. März.	Otto beim Kaiser in Goslar. Rieb, Cod. Dipl. Ratisp. I, 171.
„	27. April.	Otto beim Kaiser in Münster. Mon. Boic. XXIX, 230.
„	16. Juni.	Otto beim Kaiser in Salzwedel. Guden, I, 390.
„	8. August.	„ „ „ „ Speier. Hontheim, I, 494.
„	3. Novbr.	Weiht Otto in Bamberg einen Altar. Pertz, XVII, 638.
1113	Ohne Tag.	Otto weiht die Kirche in Aurach. Ussermann p. 66.
„	25. Dezember.	Heinrich V. bei Otto in Bamberg. Ekkeh. ad a. 1114.
1114	14. April.	Otto beim Kaiser in Worms. Mon. Boic. XXIX, 233.
„	14. Septbr.	Otto in Regensburg. Lang, Regg. I, 114.
„	21. Septbr.	Otto weiht die Kirche des Klosters Banz. Usserm. p. 66. Sprenger p. 298.
1118	3. Januar.	Otto beim Kaiser in Speier. Martene, I, 642.
1119	6 Mai.	Otto stellt die Stiftungsurkunde für das Kloster Michelfeld aus. Usserm. c. p. n. 70.
„	12. „	Weiht die Kirche des Klosters Priefling. Pertz, XVII, 610.
1120	Ohne Tag.	Ohne Ort. Otto beim Kaiser. Guden. I, 393.
„	„ „	Otto beim Kaiser in Bamberg. Fickler, Quellen p. 39. (Unecht.)
„	25. Juli.	Weiht einen Altar in Bamberg. Pertz, XVII, 638.
1121	25. März.	„ „ „ Regensburg. Mon. Boic. XXIX, 240.
„	1. Septbr.	Otto weiht die Kirche des heil. Michael. Usserm. p. 72.
„	29. Septbr.	Otto auf der Reichsversammlung zu Wirzburg. Ekkeh. ad a. 1121.
„	1. Novbr.	Otto auf der Versammlung bairischer Großen in Regensburg. Ekkeh. ad a. 1121.
„	6. Novbr.	Otto errichtet die Pfarrei Michelfeld. Usserm. cod. prob. n. 72.
1122	13. April.	Otto beim Kaiser in Wirzburg. Mon. Boic. XXIX, 242.
„	15. Juli.	Weiht das Oratorium von St. Jakob in Bamberg. Pertz XVII, 638.
„	8. Septbr.	Otto in Mainz auf der Reichsversammlung.
„	23. Septbr.	Otto unterzeichnet den Wormser Vertrag. Pertz, Mon. Legg. II, 76.
„	Im November.	Otto auf dem Hoftage zu Bamberg. Fickler, Quellen p. 45. (Verdächtig.)
„	11. (?) Novbr.	Otto stellt in Bamberg eine Urkunde aus. Fickler, p. 46.

Jahr.	Monat u. Tag.	
1122	Ohne Tag.	Stiftungsbrief Otto's für das Kloster Aurach. Ufferm., cod. prob. n. 74.
"	" "	Ohne Ort. Lang, Regg. I, 119.
Vor 1123	" "	Otto macht eine Schenkung an das St. Michaelskloster. Ussermann, c. p. n. 75.
1123	3. Januar.	Otto beim Kaiser in Speier. Hontheim, I, 502.
"	14. Februar.	Otto in Bamberg. Mon. Boic. XIII, 141.
"	3. April.	Bestätigt Calixt II. die von Otto gegründeten Klöster. Ussermann, c. p. n. 76.
"	23. August.	Weiht eine Kirche. Pertz, XVII, 610.
1124	1. März.	Otto in Bamberg. Lang, Regg. p. 121.
"	13. April.	Bestätigt Calixt II. die Einrichtungen Otto's. Ussermannn, c. p. n. 79.
"	25. April.	Otto beim Kaiser in Bamberg. Mon. Boic. XXIV, 14. (Verdächtig.)
Vom	25. April 1124	bis zum 29. März 1125 war Otto von Bamberg abwesend auf der ersten Missionsreise in Pommern.
1125	Ohne Tag.	Bestätigt Otto eine dem Kloster Michelfeld gemachte Schenkung. Ussermann, c. p. n. 81.
"	27. November.	Otto bei Lothar in Regensburg. Mon. Boic. XXIX, 248.
1126	20. Januar.	Otto in Bamberg. Lang, Regg. I, 125.
"	22. Juli.	Weiht Otto eine Kirche. Mon. Boic XIII, 26.
"	30. November.	" " " " Mon. Boic. XIII, 26 u. 27.
1127	31. März.	Beginnt Otto seine zweite Missionsreise und kehrt am 20. Dez. desselben Jahres zurück.
"	18. August.	Bestätigt Lothar der Bamberger Kirche den Ort Schambach. Schultes, p. 33.
"	Ohne Tag.	Urkunde Otto's über die Wiederherstellung des Klosters Banz. Ussermann, c. p. n. 84.
1129	1. Juni.	Otto bei Lothar in Stockach. Mon. Boic. XV, 263.
"	13. Juli.	" " " " Werbe. Mon. Boic. XIII, 149.
"	17. Juli.	Otto in Regensburg. Ried, I, 187.
1130	Ohne Tag.	Otto bei Lothar in Regensburg. Mon. Boic. X, 234.
1131	" "	Otto auf einer Reichsversammlung in Mainz. Dodechin ad a. 1131 u. Pertz, XVII, 24.
"	28. Septembr.	Otto in Prag. Contin. Cosm. Prag. ad a. 1131. Pertz, SS. IX, 137.
1132	Ohne Tag.	Stiftungsbrief Otto's für das Kloster Heilsbrunn. Ussermann, c. p. n. 89.
"	26. November.	Weiht Otto eine Kirche. Mon. Boic. XIII, 28.

Jahr.	Monat u. Tag.	
1133	18. Oktober.	Otto auf einer Synode in Mainz. Wenk, II, 81.
"	23. Oktober.	Otto bei Lothar in Mainz. Mon. Boic. XXIX, 260.
"	28. Oktober.	Otto in Biburg. Ludewig, Script. rer. episc. Bamb. I, 583.
"	Ohne Tag.	Schenkt der Miles Hageno bem Kloster Ensdorf in Gegenwart des Bischofs Otto eine Kirche in Tannheim. Mon. Boic. XXIV, 13.
1134	6. Juni.	Otto bei Lothar in Merseburg. Mon. Boic. XXIX, 262.
1135	17. März.	Otto bei Lothar in Bamberg. Mon. Boic. XV, 266.
"	14. Oktober.	In Vessera. Jaffé, Lothar, p. 270.
1136	13. Juni.	Otto in Bamberg. Lang, Regg. 1, 143.
"	16. August.	Otto bei Lothar in Wirzburg. Mon. Boic. XXIX, 267.
1137	25. Mai.	Schenkt Otto dem St. Michaelskloster die Kapelle der hl. Fides. Ussermann, c. p. n. 90.
1138	22. Mai.	Otto bei Konrad III. in Bamberg. Mon. Boic. XII, 333. Dodechin ad a. 1138.
"	16. October.	Otto in Vessera. Schultes, Dir. dipl. II. 3 u. ff.
"	11. Dezember.	Urkunde Otto's für Priesflingen. Mon. Boic. XIII, 158.
1139	23. Januar.	Innocenz II. bestättigt die von Otto in seinen Klöstern eingeführten Regeln. Ussermann, cod. prob. n. 95.
"	Ohne Tag.	Stiftungsbrief Otto's für das Kloster Ensdorf. Ussermann, cod. prob. n. 93.
"	30. Juni.	Otto's Tod. Mon. SS. XVII, 64, Notae sepulcral. Babenb.

THESEN,

welche

zur Erlangung der venia legendi

an der

Ludewigs-Universität zu Giessen

Freitag den 20. März 1868,
Vormittags 10 Uhr,

in der kleineren Aula der Universität

öffentlich vertheidigen wird

Dr. **Max Jos. Höfner**.

Giessen 1868.
Brühl'sche Univ.-Buch- und Steindruckerei (Fr. Chr. Pietsch.)

I.
Das Herzogthum hat sich im Anfange des 10. Jahrhunderts aus der Schwäche des deutschen Königthums, im Gegensatz gegen dasselbe, entwickelt.

II.
Der unter Konrad I. entstandene Kampf des Königthums gegen das Herzogthum hat sich endgiltig i. J. 1180 zum Nachtheil des letztern entschieden.

III.
Die Gefangenhaltung des Königs Richard von England durch Heinrich VI. lässt sich politisch rechtfertigen.

IV.
Ohne Grund wird dem i. J. 906 enthaupteten Grafen Adalbert die Würde eines Markgrafen beigelegt.

V.
Mit Unrecht wird bei Ekkehard, Pertz, Mon. SS. VI z. J. 1107 Verona mit Bonn erklärt.

VI.

Die Nachricht des Lambert von Hersfeld und der Einsiedler Annalen, die den Tod des Markgrafen Berchtold auf dem Nordgau in's Jahr 980 setzt, ist falsch.

VII.

Die Existenz eines förmlich abgeschlossenen Kimonischen Friedens ist zu leugnen.

VIII.

Das Verhältniss Cäsar's zu den rechtsrheinischen Germanen ist in dessen Buche: de bello Gallico VII, 65 unrichtig dargestellt.